Super Trader

Make Consistent Profits in Good and Bad Markets

想法對了，錢就進來了

McGraw Education | *Your Learning Partner*
美商麥格羅‧希爾國際出版公司台灣分公司

Contents〔目次〕

Contents 〔目次〕

Super Trader
Make Consistent Profits in Good and Bad Markets

奠定健全心理，安心進場

專職交易者　王力群　（王勵群）

當麥格羅・希爾出版公司把樊恩・薩普博士這本最新著作呈到我手中的時候，我迫不及待翻了一遍，第一個感覺就是：「太優秀了！」等到仔細看完之後，感覺依然是：「太優秀了！」

優秀在哪裡？優秀在這是目前我看過最完整的一本講解「交易系統」的書。它跟一般股票書不一樣的地方是：本書是從股市心理學講起，並且強調「心理是交易時最重要的部份」——這個觀念卻是台灣投資人最欠缺的觀念。其實大家要明白：技術雖然重要，但是健全的交易心理的重要性遠遠超出技術。如果不能體會這一點的話，交易生涯最終必歸於失敗。

這本書最優秀的地方就是關於「部位（買多少？）」、「停損」、「停利」、「加碼」的觀念講解。這一部分的資料實在太重要了，因為別的書不是完全沒講（尤其是台灣的股票書，很少會告訴你停損怎麼設？部位要怎樣計算？）不然就是講的很少，所以讀者只好自己動手找資料。這二十多年來，我看到的資料也幾乎都是在強調「進場點」，進場之

後就不太管「出場」了，或者是隨便配上一套粗製濫造的出場方法，擺明是唬弄投資人。

看這本書之前，我建議先把克提斯‧費斯（Curtis M Faith）所寫的《海龜投資法則》看一遍，尤其是費斯所寫的那一篇《原版海龜交易法則》更是要多看看（《海龜投資法則》中文版，麥格羅‧希爾出版社，2008 年出版，從 279 頁開始是《原版海龜交易法則》）——換言之：這本《想法對了，錢就進來了》就是在幫整個「機械式交易系統」從心理層面到技術層面做一次完整的解說。這真是投資人之福。

我們學習股市交易技術，如果沒有一套完整的系統，一切完蛋。這就好像你拿著一個有破洞的水桶去裝水，等到你把水桶提回家，裡面的水都漏光了。坊間一般的股市交易書籍，很多都是漏洞百出，把投資人給洗腦，以為只要專精一項技術即可獲利——但真相是：如果投資人無法學習完整的交易系統，那麼，遲早會失去他原先的利潤，甚至他的老本。

當您在閱讀本書第一部關於「自我修練」的時候，要靜下心來慢慢讀，因為這一部份將幫助您奠定健全的交易心理：認清自己的缺點，進而改正自己的缺點——過了這一部份以後，學習完整的技術，速度就快了。

這本書看一遍是不夠的，最少要看三遍以上。如果無法接受本書的觀念，我建議您暫時停止交易，直到把本書看懂為止，才可以安心進場。

　　＊王力群的部落格：http://tw.myblog.yahoo.com/randy-wang/

懂得投資奧祕，錢賺不完

財經投資作家與專業講師　齊克用

　　投資市場的錢賺不完！話是這麼說，但事實上您可以看到的結果是：投資市場的錢賠不完！究竟是什麼原因，造成如此大的落差？這本書要告訴您其中的奧妙，同時教您如何逆轉頹勢，轉賠為賺。

　　一般投資人到投資市場都有一些共同的錯誤想法：認為自己夠聰明來賺市場的錢；認為不需要花太多時間，就會賺得到錢；認為買基金投資，將錢交給專家管理，就很容易賺得到錢。所以作者一開始就強調，他沒有這種特效藥，能夠讓您省時、省力且一夜致富，但是他在書中詳細說明了正確的學習方式，以建立投資獲利的技巧，而這些真知灼見是經過長期實證後的技巧。

　　書中的五個部分，各單元的主題都是作者在講授「超級交易人」時的課程內容，藉由這本書，作者將運用這些技巧，幫助您在投資市場穩健獲利。獲利的五部曲分別為：（一）引導您自我修習改善個人的問題，以求建立獨立思考能力。（二）幫助您擬定一套個人投資生涯的規畫，指引您正確投資。（三）教您運用對大環境的看法，配合發展出各

式市場類型的投資策略。（四）使您徹底了解自己的投資目標，發展一套資金管理策略，以求達成目標。（五）最後以不斷監控自己，降低沒有依照自己交易守則的錯誤次數，做作為成功投資獲利的最後結果。

投資成功的基本要素都是固定的那幾樣，不外乎人性、投資心理、策略、資金管理、情緒管理，以及行情預測。本書因為作者精通投資心理和投資成功之道，故結合心理面與投資獲利技巧，循序漸進，教育教導大眾投資人進入市場易於獲利。這本書教您的，不是容易的、簡單的、快速的方式，但卻是有效率地縮短時間，正確地學習投資獲利技巧。

2000 年科技股泡沫化後，素以成長且具爆發力的科技股崩跌，一夕之間，投資績優公司企業的股票價格跌至谷底，投資人突然覺得投資技巧剎那間不靈且無效了。實際上，不是投資技巧突然間在快速下跌的市場全部失效，也不是市場突然地不同了，而是市場因全球化或資金效應改變而快速地移動造成。關鍵點在市場改變的同時，投資技巧也必須跟著調整改變。問題是人類本性難改變，但市場卻易於改變，因此唯有不斷地學習投資技巧是正確的因應之道。《想法對了，錢就進來了》是我近期見到的好書，因此樂意為之作序。

「普通」投資人的命運

　　不知曾有多少人來找我幫忙，但他們的請求總有個附帶條件：「我不想花很多時間，或是做很多研究，因為我只是個普通的投資人。」你是嗎？嗯，好吧，喬・史密斯（Joe Smith）也認為自己是個普通的投資人。

　　史密斯在 2003 年退休。在工作的那些年，他表現得相當不錯，退休後每月收入包含社會福利金就有 6,500 美元。退休前他已有大約 623,000 美元的存款，這是他的老本，可防萬一退休後有急需。另外，史密斯約有 35 萬美元的房貸要償還。史密斯夫婦為了是否應該先還清房貸，吵過好幾次架，因為他們每個月的房貸支出是 2,000 美元，要是能早點清償這筆抵押貸款，以後每個月可供花用的錢就變多了，而且以後幾乎沒有什麼事要煩惱了。

　　史密斯在 2000 年到 2003 年的市場崩盤期間，退休老本虧損約 30%。幸好 2003 年時市場止跌回升。史密斯心想，最壞的日子已經過去了，他的錢或許以後每年可為他賺進 10%。如此每個月就會多出 5,000 美元可供花用，繳完房貸還有剩。史密斯在研究所念的是土木工程，在他看來投資不是研究火箭的科學，並沒有那麼難。他在股市賺了不少錢，因為他夠

聰明。他心想，他可以做得比一般人好，他的帳戶淨值很有可能回到100萬美元（回到跟2000年崩盤前一樣）。

史密斯犯了許多人都會犯的一個錯誤。他花了大約八年的時間，學習自己的工程專業，而且大部分時候都處於顛峰狀態。他覺得自己夠聰明，能贏過市場專業人士，退休後每年投資賺到10%以上不成問題。畢竟，這不過是選對股票罷了，而他可以做到。

史密斯今年68歲。他在市場上接受的全部「教育」，包括讀了三、四本談如何選對股票的書，加上一本談股神華倫‧巴菲特（Warren Buffett）、但不是巴菲特本人寫的書。他經常收看財經新聞，覺得如此才能確實掌握自己的財富。他每天也讀幾份財經報紙，自認已充分掌握資訊。

有一陣子，史密斯是對的。2003年到2005年，他因投資賺進約12萬美元。他和太太花掉了一半左右。因此，2008年初，史密斯的帳戶淨值約有683,000美元。可是史密斯萬萬沒料到空頭市場還有「第二隻腳」，他根本沒做好準備。截至2008年9月30日止，股市這一年的跌幅超過40%，史密斯的帳戶縮水29%──現在淨值只剩484,000美元左右。如果他現在還清房貸，就會用掉他大部分的現金。政府的紓困法案通過時，他看著市場每天下跌百點。史密斯的帳戶淨值愈來愈接近40萬美元，令他憂心不已。

CNBC的理財投資大師蘇絲‧歐曼（Suze Orman）和吉姆‧柯瑞默（Jim Cramer）說，股票很快就會變得很便宜：

「別賣，除非你急需用錢。」他們難道不知道，依照投資抱牢的標準動作去做，手中的股票價值比起 2000 年的股市高點會足足少掉約 60% 嗎？其實史密斯需要靠他的錢賺進 70% 的報酬，這一年才能打平，而他現在連賺進 10% 都成問題。

問題到底出在哪裡？史密斯花了八年的時間接受教育，成了優秀的工程師，但卻把投資的過程看成好像任何人都能輕鬆上手。這就好比沒受過任何訓練就要去造橋一樣。你不會在真實世界那麼做，但在投資市場卻很容易這麼做。在真實世界，橋梁會因此垮掉；而在股市中那麼做，帳戶裡的錢可能會化為烏有。

要怎樣做，買賣股票才會成功，尤其在目前這樣的市場？我們有可能置身於長期的空頭市場，也許要再過十年才有轉機。美國這個國家已經破產，但似乎沒人知道這件事，美國人花起錢來就像瘋子一樣[1]。用 7,000 億美元去解決問題債務，只能說是杯水車薪，情況可能變得更加糟糕。

◆◆◆ 上場前務必做好準備

當嬰兒潮世代進入退休生活，真的需要用現金過活時，股市的報酬率卻偏偏是負的，那會發生什麼事？若不採取行動，只是坐以待斃，日後將損失慘重！你準備好了嗎？

---

[1] research.stlouisfed.org/publications/review/06/07/Kotlikoff.pdf.

問你自己下面這些問題：

1. 我是不是把交易或投資當成事業在經營？我像經營事業那樣做好準備了嗎？

2. 我是不是有個事業經營計畫，例如一份工作文件，用以指引我的交易事業？

3. 我是不是常犯錯誤（意指沒有遵循我的守則）？

4. 我是不是遵照一套正常的作業程序，以防止錯誤發生？

5. 我是不是有一套受過測試的系統？

6. 我知道那套系統在不同類型的市場會有什麼表現嗎？

7. 我知道現在的市場屬於哪種類型，以及可以期待我的系統在這種市場有什麼表現？

8. 如果不知道，我出場了嗎？

9. 我目前在這個市場建立的每個部位，是不是都有預設出場點？

10. 我是不是為自己的交易設定了具體明確的目標。

11. 我是不是透過部位規模設定演算式（position sizing algorithm），以了解自己是否已達成目標？我是不是已發展了具體明確的部位規模設定演算式，以便達成我的目標？

12. 我是不是了解以上各點的重要？

13. 我是不是了解我的投資結果歸因於我自己的想法和信念？

14. 我是不是能接受造成那種結果的責任？

15. 我是不是經常自我修練，以確保自己遵循上面所說的各項要點？

圈選你認為是的各點圈起來。如果 15 個問題裡面畫圈的不到 10 題，那就表示你不是很認真在交易。換句話說，你的財務健全性岌岌可危。

你需要做的事：別接受你「只是普通的投資人，什麼事也沒辦法做」的那種想法。投資結果是你自己造成的，而現在結果不盡如人意，原因就在於你沒受過訓練就上場去玩遊戲。

如果你是自行交易，那麼需要遵照本書提出的準則。如果你不是自行交易，而是請專業人士代為操作，那麼你知不知道，即使市場跌個不停，大部分專業人士還是必須拿 95% 的錢去投資？他們是按所管理資產價值的 1% 到 2% 計酬。就算你賠錢，他們還是有錢可賺。

你在市場中那些未軋平的部位，現在情況如何？你對那些交易，是不是設有停損點（bailout point）？也就是說，你知道你的 1R 損失是多少嗎？其中 R 是指你的初始風險。或者，你的損失已經達到 3R（損失是你規劃金額的三倍），而且你開始不去理會市場，期待如果不去看它，跌勢就會停止？忽視市場，又到底是誰的錯？

當市場明顯轉跌，你就應該出場。股市在 2007 年發出反

圖表P-1 截至 2008 年年中的 S&P 500 走勢圖

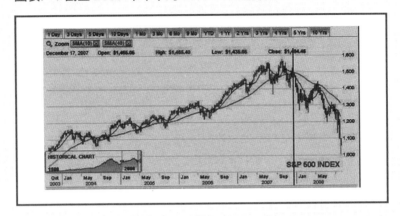

轉的訊號。圖表P-1畫出市場走勢，以及到了哪一點之後，市場指數便不再上揚。這張圖表描述的是 2003 年以來標準普爾500種股價指數（S&P 500）的週線圖。基本上，10週和40週的移動平均線相當於大部分專業人士使用的 200 日和 50 日移動平均線。請注意 10 週移動平均線在 2007 年底向下交叉穿越40 週移動平均線；這是市場走勢已經改變的明顯訊號。這事發生在 S&P 500 大約是 1484 點的時候。2009 年 3 月本書撰稿時，S&P 500 在約670點處見底反彈，自高點下跌了約60%。

我們也看到其他跡象：

◆ 頭肩頂形成，但這要等到S&P 500跌到約1400點時才清楚。

◆ 如果你畫出長期的趨勢線（自2003年以來），也可能在約1,400點處出場。

◆ 還有一條起始於2006年，更陡的趨勢線，在1450點左右跌破。

◆ 我的市場類型分析（market type analysis）指出，基本上美國股市自2008年1月以後處於空頭模態，多頭市場在2007年6月結束，並轉成波動激烈的橫盤市場。

有許多證據顯示，如果你訂定了計畫，準備在任何這些訊號發生時賣掉共同基金，你的處境會比較好。但如果你自認是個普通投資人，可能不會花很多時間去研究市場。你只是自以為知道在做什麼。如果你想建立部位，卻不願投入太多心力去研究，會發生什麼事，你自己知道嗎？

◆◆◆買進正在上漲的，賣出停止上漲的

要在市場賺錢，有句名言說：買進正在上漲的，而停止上漲時就賣出。遺憾的是，大部分人只會聽從別人的意見，對眼前正在發生的事，自己卻沒辦法看清。自 2003 年 4 月 28 日起到 2008 年 1 月，我的市場分類模型沒有任何一週被歸類為看空：市場不是看漲，就是橫向整理。這時應該持有共同基金，如圖表P-1所示。

到了 2008 年 1 月，市場彌漫著空頭氣氛，這時你不會想持有共同基金，或者在股市做任何種類的長期投資。圖表 P-1看不到明顯的多頭走勢，除非你搶短線，抓很小的上漲修正波動，當日沖銷。你就是非得看走勢圖不可。

如果你更高明點，你會懂得買正在上漲的股票，放空正在下跌的股票。圖表 P-2 是 MYGN 這支股票的走勢圖，這支股票在 2008 年這個空頭年的大部分時候都漲個不停。不少證據顯示它從 3 月到 7 月都在逆勢中上漲，到了 7 月和 8 月，更展現十分強勁的漲勢。

不過，如果選定放空目標那會更好。2007 年 7 月災難來襲之前，股市的寵兒大多紛告重挫，例如石油股、礦業股、黃金股，連蘋果公司（Apple）等科技股也無法倖免。早在很久以前，它們就已經是相當不錯的放空目標，而且大多不在不得放空的 799 支禁空名單上。美國政府曾經短暫公告禁止放空的金融股名單，在 2008 年 9 月 19 日到 2008 年 10 月 8 日之間實施。

順帶一提，學習當個優秀的交易人／投資人，首先必須

圖表 P-2 MYGN的走勢圖

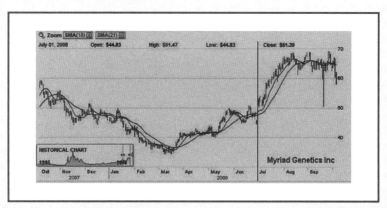

自我修練。多年來，我告訴許多人應該這麼做，但只有清除心中「垃圾」（橫梗路上那些無用的信念和情緒）的人，才能看到什麼在上漲，並在它停止上漲時賣掉。

你呢？要繼續當個普通的投資人，像其他普通人一樣受苦受難嗎？你要說「不，這不適合我」，然後把錢交給專業人士去操作，而你明明知道，即使市場下跌，這些人還是會拿你的錢去投資，只要你的錢交給他們管理，他們就有酬勞可領？還是你願意採取必要的行動，把財富管理當成經營事業般看待？

對於那些想要認真看待投資的人，現在是時候該受點教育了。本書分成五部分，各單元主題是我在樊恩薩普學院（Van Tharp Institute）教授「超級交易人」（Super Trader）課程時的內容，我曾要求我的學員熟悉這些主題。本書導讀部份將闡述成為「超級交易人」的內容全貌，其他部分將帶給你許多觀念和方法，幫助你在各式各樣的市場中穩健獲利。

穩健獲利五部曲

　　本書目的是要幫助讀者把交易當作事業，全心全意地投入，不管市場狀況如何，都能持續賺到高於一般水準的利潤。這表示，在漲勢市場（包括平靜無波和震盪激烈）、跌勢市場（包括平靜無波和震盪激烈），以及橫向整理市場（包括平靜無波和震盪激烈），都能穩定獲利。為了幫助交易人達到這個目標，我設計了「五部曲」。看完之後，你可能會喜歡因此所獲得的投資績效。在此先讓你熟悉投資必經的五個步驟。

1. **自我修練和改善你的私人問題，不要讓這些因素阻礙你的交易。**這一步必須先做到，否則這些問題會干擾其他的每一步驟。
2. **擬定一套事業經營計畫做為工作文件，指引你交易。**不像許多企業的經營計畫，目的在於募集資金，這套計畫是設計來引導你走過交易生涯，幫助你因應情勢轉變而調整。有一份經營計畫在手，真的能幫助你順利開展其他四步驟。這份計畫讓你可綜觀整個投資生涯的大局，會影響你將交易的市場，它也給你一套方法，幫助你掌握幾個重要因素，讓你知道你在什麼時候做錯了。我在

每個月第一期的免費電子週報《薩普想法》（*Tharp's Thoughts*）中，會定期更新對大局勢的看法。

3. **配合你對大局的看法，發展幾套策略，並且了解每一套策略在各種市場類型中會有什麼樣的表現**。這一步的終極目標，是發展某種投資策略，讓你在每一種可能的市場狀況下都運作得很好。想要針對任何特定的市場狀況（包括平靜無波和橫向盤整），發展一套好的策略並不是那麼難，真正困難的是，想要發展一套可適用於所有市場狀況的策略，然而大部分人都想要這種策略。

4. **徹底了解你的目標，以及發展一套部位規模設定（position sizing™）策略，以達成那些目標**。這世上有許多的交易人和投資人，但了解部位規模設定對交易績效有多重要的，也許不到10%。而了解你是透過部位規模設定來達成目標的人甚至更少。因此，第四步是為每一套協助你達成目標的系統，發展部位規模設定策略。

5. **不斷監控自己，並將犯錯的次數減到最低**。我把錯誤定義為沒有依照你自己的守則交易。因此，對於許多沒寫書面守則的人來說，他們所做的每件事都是錯的。但如果你有遵照前述四步驟在做，就會有守則引導你交易，並將錯誤定義為沒有遵循那些守則。要是再犯相同的錯誤，只會自取失敗。監控你的錯誤，以及繼續自我修練，便能將錯誤產生的衝擊減到最低。依我之見，這麼做的人，通常能持續賺到高於平均水準的利潤。

◆◆◆第一部：自我修練

你所做的每件事，都是由你的信念塑造的。基本上你的現狀就是由你的信念塑造的。信念是什麼？我寫的每一句（包括這句）都反映我的信念。從你嘴裡講出的每一句話，都反映你的信念，而你的信念塑造你的現狀。連你認為自己是什麼樣的人，都受你的信念塑造。

舉個例子來說明這是怎麼運作的。我的外甥女在 19 歲那年，從馬來西亞遠渡重洋來美國和我們一起住（我和太太送她上美國的大學）。一年之後，有天她對我說：「舅舅，下輩子我要生得既漂亮又聰明。」外甥女有藝術天分（修過藝術課程），而且天生有副好嗓子。文科背景的她，竟能拿到生物醫學工程學位，並以優異的成績畢業。我覺得她已稱得上頭腦聰明。至於美貌，我要說，她是我見過極為漂亮的女人之一，認識她的每個人都說她長得很美麗。但這個才貌兼具的女子，卻因為自己的信念，而完全否定她具有那些特質。你的現狀由你的信念塑造。順帶一提，自從她住在我這裡之後，我就一直在研究了解她的那些信念，幸好後來她改變了對自己的看法。

同樣地，你是什麼樣的人，是由你對自己的信念塑造的。此外，並不是你在交易市場，你交易的其實是你對市場的信念。了解你自己的一個關鍵層面，是檢討你的信念，以確定它們是不是有用。如果沒用，那就去尋找對自己有用的信念。這是自我修練的關鍵層面。

你這輩子，也許永遠擺脫不了讓你設限的信念，或者自取其敗的所有層面，但我認為，當生活中讓你設限的五個層面經過轉型，而且你開始覺得每個層面都非常不同之後，這一步就完成了。我認為你大致上已能克服將來交易生涯中可能遇到的障礙。

◆◆◆第二部：擬定事業經營計畫

　　投入交易的經營計畫部分，包括第一步。良好的經營計畫真的應該包括徹底檢視執行交易的人：他或她的信念、問題、強項、弱處、目標。你能想到和自己有關的每一件事，都應該收進這份文件。

　　不過，這份計畫也應該包含其他許多重要的事情：

作者的外甥女

◆ 你對大局勢所做的評估，以及如何掌握最新的動態。比方說，2001年，我開始動手寫《追求財務自由的安全策略》（*Safe Strategies for Financial Freedom*）❶時，提到跌幅很深的長期空頭市場可能出現。我認為，你要關心的大局勢應該包括：(1)綜合評估美國和全球的股票市場；(2)綜合評估世界上最強和最弱的投資地區；(3)綜合評估美元（如果你不用美元，則是所在國貨幣）的強弱；(4)綜合評估未來通貨膨脹或通貨緊縮的潛在發展趨勢。我也發展出一些方法，衡量上述每一個要素，而我掌握這些要素最新動態的方法，是在每個月第一個星期三的新聞信中寫下最新的市場動態。

◆ 經營系統：你將如何做研究、監控你的數據、行銷你自己（給家人或者客戶）、監控你自己、管理你的現金流量、追蹤你的交易和績效。經營交易事業除了要用到交易系統，基本上還包含其他許多系統。交易事業要成功，你必須對其他系統非常嫻熟。

◆ 除了配合大局勢，還能在情況改變時運作的幾套策略。比方說，在波動激烈的空頭市場（例如2008年）可行的策略，就不同於在平靜無波的多頭市場（例如2003年）可行的策略。

---

❶ Van K.Tharp, D. R. Barton, and S. Sjuggerud, *Safe Strategies for Financial Freedom*. New York: McGraw-Hill, 2004.

◆ 備妥在最糟情況下的緊急應變計畫，以因應可能搞亂你交易事業的任何重大事件。這類規畫通常需要長達六個月的時間去完成。

◆◆◆第三部：發展在不同情況下可行的交易策略

　　1999 年，似乎每個美國人都是股市專家。舉例來說，我們曾在北卡羅來納州凱爾利市（Cary）的一家飯店舉辦股市講座，有位歡樂時光（減價時段）的酒吧服務員對另一個人說：「也許我們應該去聽聽薩普博士的講座。」對方回應道：「不，我不需要。我就可以教那樣的講座了。」一家高級牛排餐廳的侍者也告訴我們，他其實算是交易人，但晚上在餐廳兼職。他已經靠交易賺了超過 40 萬美元，他自認是個交易專家。不過，我猜想，這些人都沒能挺過 2000 到 2002 年那段期間，更別提 2008 年的市場風暴了。為什麼呢？因為這幾個時期的股市是完全不一樣的市場，1999 年能夠建功的高科技股買進抱牢策略，在那之後的幾年，結果好壞不一，有的後果慘不忍睹。

　　但是，2007 年一收到明確的空頭市場訊號，就採取買進逆指數型基金（inverse index funds）的策略，在 2008 年有豐碩的成果。你需要知道我們現在所處的市場是哪一種。我相信有六類市場存在：上漲、下跌、橫盤，以及它們各有波動不居和平靜無波兩種。

你的市場類型也許不同，而這要取決於你的投資交易觀點。不過，我是看 13 週滾動視窗（rolling windows）。當我觀察許多這種視窗，並且計算 13 週變動的絕對值，我發現平均變動率（回溯至 1950 年）約為 5.53%。因此，如果 13 週視窗的絕對值變動率低於這個數值，我認為它是橫盤市場。如果絕對值高於 5.53%，我認為如果市場正在上漲，則後市看漲；如果市場正在下跌，則後市看跌。

我接著以平均真實波幅（average true range，簡稱 ATR）相對於收盤價的百分率來衡量波動性。同期內 13 週 ATR 相對於收盤價的百分率平均值為 2.87%。因此，當那個數字高於 2.87，我認為市場波動激烈；低於此數，則認為市場平靜無波。圖表 1-1 彙整了 58 年來的美國市場類型資料。

一般來說，大部分人都想要發展一套策略，在各種市場都可行。上述的餐廳侍者、酒吧服務員，以及其他大部分這樣的人，大都失敗了。不過，也有好消息要告訴大家。為每一種市場發展一套行得通的策略沒有那麼難。困難的是想要一招半式走天涯，找到在所有的情況下都能運作得不錯的一套策略。不過，如果你只打算監視市場狀況，就不必費事那麼做了。

◆◆◆ 第四部：學習如何達成你的目標

我們的講座通常會玩一種彈珠遊戲。我們把彈珠放進袋子裡，代表一個交易系統。比方說，某個交易系統的 20% 可

	空頭	橫盤	多頭	
波動激烈	10.08%	20.31%	10.96%	41.35%
平靜無波	1.83%	37.98%	18.84%	58.65%
	11.91%	58.29%	29.80%	100.00%

能是10R贏家，R代表你的風險，10R贏家就是你冒十倍的風險得到的。這個系統也可能包括70%的1R輸家，意思是說，抽到這樣一顆彈珠，你拿去冒險的錢就全賠掉了。最後，這個系統也可能包含10%的5R輸家，意思是說，抽到這些彈珠時，你得賠拿去冒險的錢的五倍。彈珠抽出之後要再放回去，如此一來，每次抽的機率都一樣。

說到這，可能有人在想：「有80%的時候是輸的，怎麼有可能贏錢？」假設袋子裡有100顆彈珠，把所有彈珠的R值加起來，你會發現數字是+80R。這意思是說，抽取許多次彈珠之後，你平均每次得到0.8R。因此，這個系統的期望值是0.8R（交易100次之後，你可能賺得80R）。如果你每次抽彈珠，冒的風險是1%左右，抽100次之後，你可能獲利超過80%。現在，這個系統聽起來可能沒那麼差了吧？

我玩這個遊戲的時候，通常會給玩家一點獎懲。比方說，我可以表示，如果你破產，那就得退出遊戲，並且繳付

罰金 10 美元。我也可能表示，如果遊戲結束時，你賠 50%，那就得罰 5 美元。我也可能說，如果遊戲結束時你賠錢，你得掏出 2 美元。

從好的一面來說，我可能表示，如果你賺錢，那麼可得 2 美元。如果你賺得 50%，可得 5 美元。我也可能表示，如果你賺到最多錢，那麼彩池裡有多少錢，比方說是 100 美元，都是你的。

請注意我所說的獎懲辦法，如何演變成這場遊戲的許多目標。比方說，可能的目標有三個：

1. 不計代價贏得遊戲，包括冒破產的風險。贏得遊戲的人通常設定這個目標。
2. 贏得至少 2 美元，並且確定自己不會賠超過 2 美元。請注意這是完全不同的目標。
3. 贏得這場遊戲，但確定自己不致於破產。同樣地，這是完全不同於前兩者的目標。

當我告訴人們如何運用策略玩這場遊戲，會建議他們回答下列的問題：

◆ 你是誰？
◆ 你的目標是什麼？
◆ 為了達成你的目標，你的部位規模設定策略（亦即投入多少）是什麼？

◆ 在什麼情況下，你可能願意改變部位規模設定策略？

一百個人玩遊戲（一開始資金有10萬美元），大家都執行相同的交易（也就是同樣隨機抽取彈珠和放回去），遊戲結束時，一百個人擁有的資金很可能已各不相同。你也可以根據目標，將這些人分組。比方說，有人試著在損失最少的情況下賺錢，資金的波動會很小，在約5%到10%之間。但想要贏得遊戲的，資金的波動會很大，從破產到賺得百萬美元都有可能。

這裡要說的是，從遊戲可以看出交易成功真正重要的是這個變數：部位規模「多少」。因此，對想要持續獲利的任何人來說，關鍵的一步是發展有正期望值的策略，接著發展部位規模設定策略，以極大化達成目標的機率。大部分交易人和投資人，包括大部分專業人士，都忽視這個極其重要的一步。

◆◆◆ 第五部：採取行動，將你的錯誤減到最低

不遵循你訂的守則，會發生什麼事？當你的系統沒告訴你去交易，你卻進場交易；價格跌到你設的停損點時，你理該出場卻沒出場；你在某筆交易的部位規模太大。這些都是不該犯的錯誤，而你要為此錯誤付出的成本可能很高。

關於犯錯的成本，我們做了一些初步的研究，結果顯示，對於運用槓桿的交易人來說，每個錯誤的代價高達4R。

如果一個人一年犯十次錯誤，他可能發現自己的獲利減少約40R。這表示，如果那位投資人那一年賺50%，表示他其實本來有可能賺到100%。而如果他損失20%，若交易不犯錯，說不定本來能夠獲利。

對停損點設得很寬的長線投資人而言，每個錯誤的代價可能約為0.4R。一年犯十個錯誤的總成本約為4R。但是普通投資人一年能賺20%已屬僥倖，所以十個錯誤可能輕易就吃掉投資人20%的利潤。

你必須專心做的最後一步，是將交易錯誤產生的衝擊，減到最低。所以你要發展一套中規中矩的例行性交易程序，並且繼續執行第一個步驟：自我修練。

Part 1

自我修練：
創造一切財富的要素

Developing a Business Plan:
Your Working Guide to Success in the Markets

　　我是創建神經語言程式（neuro-linguistic programming；NLP）模型的人，也是交易人的教練。身為 NLP 模型設計人，我見過許多擅長做某件事的人。我會先確定這些人做了哪些相同的事，再確定他們在執行每一件任務時抱持什麼信念、心理策略和心理狀態。一旦有了這些資訊，我就能把那些經驗傳授給其他人，並且期待得到類似的結果。而當教練的工作，則是尋找有才華的人，幫助他們學習和遵循基本知識去交易。

　　記得 1990 年左右，我曾和金融怪傑（Market Wizards）艾德・賽克達（Ed Seykota）、湯姆・貝索（Tom Basso）合開一個講座。我們三人都同意，交易包含三個部分：個人心理、資金管理〔我後來在拙著《交易・創造自己的聖盃》（*Trade Your Way to Financial Freedom*）[1] 將之改名為部位規模設定（position sizing）〕，以及系統發展。我們也同意，交易心理占成功的 60% 左右、部位規模設定占 30%，最後剩下約 10% 是系統發展。大部分交易人忽視了前兩者，而且不是真的擁有交易系統。這是90%的交易人失利的原因。

---

[1] Van. K. Tharp, *Trade Your Way to Financial Freedom,* 2nd ed.. New York: McGraw-Hill, 2007.

優良交易的要素

這些年來，我在上述三個領域，展開廣泛的模型建造，對 1990 年我們做成的結論有了不一樣的看法。首先，我要說的是，交易心理占了成功的 100%。為什麼？這個結論是根據兩個發現。第一，人通常被設定得用錯誤的方式去做每一件事。他們內心偏差引導他們去做的事，和成功所需要的恰好相反。比方說，如果你個人是交易時最重要的因素，那麼你應該花最多的時間去了解自己，偏偏絕大多數人完全忽視這個因素。請從頭到尾，仔細讀一遍第一部中談到的優良交易檢核表。如果書中列出的條件，你每一條都做得相當徹底，那麼你可能交易得非常成功，而且絕對屬於少數。

第二，我建模的每一項任務，都需要找到涉及的信念、心理狀態和心理策略。全部三個原則都純屬心理面，所以很

難不做出這個結論：每一件事都是出於心理面。

我現在認為，交易要做得好，以下五要素缺一不可：

1. **交易程序**：這是當個好交易人每天都需要做的事。
2. **財富程序**：探討你和金錢的關係，以及為什麼你有足夠的錢去交易，或者缺乏足夠的錢去交易。比方說，大部分人相信他們是靠擁有最多的「玩具」，而贏得金錢遊戲，以及如果每個月的支出夠少，現在的情況會很好。這表示他們的儲蓄是零，以及糊裡糊塗就背上債務。如果你是這樣的人，這表示你沒有夠多的本錢投入交易。
3. **發展和維持一套事業經營計畫，以引導你交易**：和其他任何領域一樣，進行交易就像在經營事業。入門要求非常容易，因為你要做的事，只是把錢存進帳戶，填幾張表，然後就能開始交易。但交易成功的入門要求，卻需要你嫻熟這裡列出的所有領域。你需要投入很多，然而大部分人都做不到。相反地，他們希望交易做起來簡單、快速，而且獲利很高。
4. **發展一套系統**：人們經常認為，他們的系統是選對股票或者商品的神奇祕密。事實上，進入市場是好交易最不重要的層面之一。獲利系統的關鍵，在於決定你的目標，以及退出某個部位的方式等要素。
5. **設定部位規模，以達成你的目標**。我們經由模擬遊戲，發現 100 個人在一組 50 次交易結束時會有 100 種不同的

帳戶淨值水準（他們 100 次的交易結果都相同）。表現差異如此之大，只能歸因於兩個因素：他們每次交易拿多少錢去冒險（亦即部位規模設定），以及影響他們部位規模設定決策的個人心理。

請根據優良交易的五要素，問下列問題，評量你自己：

◆ 我是否每天謹守紀律以做好交易，以及熟練到什麼程度？我是否每天一開始都會做自我分析或者心像預演（mental rehearsal）？如果沒有，為什麼沒做？本書後面會針對這個領域，提供你很多觀念，供你改善時參考。

◆ 我是不是要真的有足夠的錢，交易起來才有意義？如果錢不夠，也許需要先改進自己和創造財富的程序。

◆ 我是不是有一套工作用的經營計畫，做為交易的指引？如果你沒有，你並不孤單。我們估計，只有約 5% 的交易人寫了書面的經營計畫。同樣地，你也許聽過，只有約 5% 到 10% 的交易人大獲成功。本書其他部分將指引你擬定這種工作文件。

◆ 我是不是有一組寫得清楚明白的目標，做為交易的指引？大部分人沒寫。如果沒有目標，如何能夠發展一套系統去達成目標？

◆ 對於「多少」這個因素，也就是部位規模設定，我有多注意？我是不是做好部位規模設定計畫，以達成我所用系統的目標？你能達成目標，或者沒能達成目標，其實

是借部位規模設定之力。

◆ **我花多少時間自我修練？**你必須克服自己的心理問題，發展必要的紀律以執行上面所說的成功必要程序。

這裡提到的大部分項目，都是寫成一本書的題材。但我的目的是讓你大致了解成功的交易需要什麼，身為教練，我的工作就是找到有才華的人，指導他們遵循這裡所說的根本工夫去進行交易。

表現頂尖的交易人，都是全心全力的投入，為了做個最好的交易人，他們會做任何該做的事。對發生的任何事情，也會覺得必須負起完全的責任，因此能從錯誤中學習。這些人在交易時通常有一套工作用的經營計畫，因為他們是把交易看成事業在經營；有了這個經營計畫，他們便能懷著信心去做任何必要的事情，以便從市場得到很高的報酬，並從他們犯下的錯誤中學習。

本書的第一部，不談熱門的新投資，而是談心理上如何處於最佳的可能狀況，以便在交易時發揮顛峰水準。交易虎SAM是我最愛的卡通人物，附圖是他正在看自己體內。SAM將引導我們走過成功的交易／投資程序。

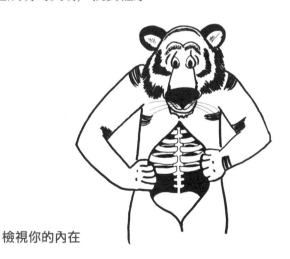

檢視你的內在

起步：當交易人必須熟悉的一些概念

　　首先，你需要對自己，以及你需要做什麼事以改善你的表現，進行嚴格的初步評估。不妨這麼看，假設你人在沙漠正中央，放眼望去沒有道路，但有一張地圖，指示你往哪裡走。不過，你並不清楚自己現在的方位。不要忘了你置身於沙漠中央，當你不知道自己人在何處，如何能夠到達你想去的地方？同樣的，身為交易人，如果你不夠認識自己，又如何能夠自我改進？大部分人面對的情況就是這樣。他們自認很懂自己，其實對自己一無所知。比方說，你曾經想過你對自己持有什麼信念嗎？你是像你相信的那樣的人嗎？

　　第二，如果你想要某樣東西，你必須先練習「當」（being）它。換句話說，「當」是在「做」（doing）或者「有」（having）之前。依我的看法，大部分人想要交易得好，最關心的卻是如何去做，以及擁有成功。你必須先練習當成功的交易人。從這個心理狀態，你會得到要做什麼的資訊，進而知道你想擁有什麼。許多人也相信，他們必須拚死拚活，努力工作，才能出人頭地。這和前面所說的「當」個成功的交易人成了對比。如果你相信必須拚死拚活才能成功，也許將來真的會非常拚命。

　　第三，許多交易人患有我所說的完美主義，也就是鑽牛角尖複合症（perfectionism-complexity complex）。換句話說，你覺得現在擁有的還不夠好，認為總能以某種方式改

進，總有另一個出場點或者另一個進場點，會使它變得更好。這個意思是說，你一直忙著運用新觀念。結果，你永遠不會觸及交易的真正問題，以及只當個交易人，好好交易。相反地，你覺得總是還有一樣東西可以測試一下，總是還有一件事可做——於是永遠沒有足夠的時間放鬆心情，好好交易。你要放棄複雜，擁抱簡單。

一流的交易人是那些只求簡單的人。比方說，在最近一次研討會上，有位交易人說：「我就是買進正在上漲的。如果走勢對我不利，我馬上脫手。如果走勢對我有利，就放著讓它繼續漲。我用這套方法，賺了很多錢。」這就是簡單的做法，但只有在你心思純淨，注意市場正在做什麼的時候，才能這麼做。心思是否純淨，結果大不同。這位交易人在每天開始交易之前，總是尋求內心的指引。我相信這麼做，最後成果差別會很大。

第四，許多交易人（以及一般人）都小看自己。如果你不相信自己很好，那種信念就會主宰你的其他事情。你可能相信：「如果我能靠交易賺到錢，我會覺得自己比較優秀。」這樣的信念其實是由兩個要件構成：小看自己，以及相信交易成功之後，就會「矯正」小看自己的看法。遺憾的是，事實似乎不是這樣。小看自己似乎總會主宰一切，並產生一些行為去為它自圓其說，除非你察覺到它，努力改善你的自尊。如果你認為人生是一場苦戰，那可能是因為你小看自己。

所有這些問題的關鍵，是了解自己，並且知道你是交易結果的根源。當你這麼做，便已開始走上成功之路。

　　不妨想想你最近一次發生損失的交易，是什麼原因造成的？誰該負責？如果你的答案是自己以外的任何理由（例如市場、我的營業員、別人給的建議很爛等等），那麼你並沒有為自己的結果負責。你將一再犯相同的錯誤，直到你了解這一點。相形之下，如果你願意承擔投資結果的全部責任，你會開始了解曾經犯下的所有錯誤，而且能夠加以矯正。市場會成為你的金融大學。此外，你會知道你是交易或投資成功中最重要的因素。如果你了解這一點，那麼你已經遠遠走在人群前頭。

　　我曾經接到一位英國男士打來的電話。他做完了我的「顛峰表現在家自修教材」。他說：「過去六個多月來，我已完成你的課程，也讓我更加了解自己，但有件事這個課程沒做到，它沒給我正期望值系統。」他的這番話，讓我哭笑不得，我並沒有試著在那套課程裡提供方法，這套課程談的只是如何成為表現頂尖的交易人／投資人。

　　想要擅長某件事情，就必須設計一套適合你的方法。讓這套方法適合你的信念、滿足你的目標、符合你是什麼樣的人，才有可能做到這件事。

　　心理遠比方法重要。事實上，心理是方法的一部分。比方說，在我們試著幫助人們發展可行的合理方法時，他們會

強烈抗拒，因為他們懷有那麼多偏見，使他們念茲在茲於交易的錯誤層面上，而那些領域和成功毫無關係，你很難指引他們往正確的方向走。

要增加來自市場的所得，你所能做的最好事情，是認清你是怎麼為自己設限的。你應該在兩個層次做這件事。每當你發展一套交易經營計畫，那個計畫的一大部分，應該和自省有關。拿你的信念來說。它們是有用的信念，還是正以某種方式阻礙你？你的長處和弱點各是什麼？由於你是自己的一部分，你沒辦法看清自己的哪些事情？你應該考慮每一季至少做一次這樣的評估。

你需要做的第二項自我評估，是在一日之初，甚至每個小時都做，問問自己你的生活中發生了什麼事？你準備好面對市場了嗎？你心裡覺得如何？你是不是展現某種自取其敗的言行？比方說，你是不是開始變得過分自信？你是不是開始變得過分貪婪？你是不是不顧一切想把系統拋到一邊去？一流的交易人和投資人會不斷做這類自我評估。如果你想在市場上賺更多錢，或許也應該開始這麼做。

為了幫助你做自我評估，我編製了一份問卷，裡面有 17 道題目，你可以用它很快地評量自己。請自行利用，或者傳給朋友使用；我敢說，你們一定會從自己的表現得到一些看法。請用是或否，回答每一道問題。

	是	否
1. 我有份書面經營計畫指引自己的交易／投資。	☐	☐
2. 我了解市場正在做什麼，以及哪些事會影響大局。	☐	☐
3. 我對自己的交易結果負起完全的責任，因此我能持續不斷矯正自己的錯誤。（任何一點為否的話，整句算否。）	☐	☐
4. 我敢摸著良心說，放手讓獲利愈滾愈大，遇有損失則斷然認賠拋出，這件事我做得不錯。	☐	☐
5. 我有三套交易策略，能夠配合大局加以運用。	☐	☐
6. 對於交易策略一，我已經蒐集了至少 50 筆交易（亦即從歷史資料或者實地交易）的 R 倍數分布。如果你不知道 R 倍數分布是什麼（本書稍後會談到），那表示你還沒蒐集，請答「否」。	☐	☐
7. 對於交易策略二，我已經蒐集了至少 50 筆交易（亦即從歷史資料或者實地交易）的 R 倍數分布。	☐	☐
8. 對於交易策略三，我已經蒐集了至少 50 筆交易（亦即從歷史資料或者實地交易）的 R 倍數分布。	☐	☐
9. 對於我的每一套交易策略，我都知道分布的期望值和標準差。	☐	☐

	是	否
10. 對於我的每一套策略，我都知道它們行得通和行不通的市場類型。	☐	☐
11. 我只在目前的市場類型是某套策略行得通時才用它去交易。	☐	☐
12. 我對我的交易有清楚的目標。我知道自己對賠損（drawdowns）能夠容忍到什麼地步，也知道今年要達成什麼。	☐	☐
13. 根據我的目標，我有清楚的部位規模設定策略，以達成那些目標。	☐	☐
14. 我完全了解在我的交易中我是最重要的因素，而且我在自我修練上所下的工夫，多於執行交易／投資的其他任何層面。	☐	☐
15. 我完全了解我的心理層面問題，且常處理它們。	☐	☐
16. 我經常做交易的優先要務。	☐	☐
17. 我認為自己是嚴以律己的交易人／投資人。	☐	☐

每答「是」一次，給自己一分，務必誠實作答。把分數填在這裡_____。來看看你的分數代表的意思：

- 14 分或以上。你有當出色交易人／投資人的基因，而且可能在市場上表現得很好。

- 10–13 分。你有很大的潛能，但也許犯了一些重大的錯誤；許多人可能是犯心理層面的錯誤。

- 7–9 分。你遠高於平均值，但還沒能躋身大聯盟。你就像中學的美式足球明星，想要擠進美國職業美式足球聯盟（NFL）。

- 4–6 分。你比街上的普通投資人要好，但要磨練技巧，你還有一大段路要走。你可能需要改進自己、加強紀律，以及你的交易策略。

- 3 分或更低。你是普通交易人／投資人的一員。你也許希望有人告訴你，到底該做什麼事，而且想要現在就賺到大錢；如果辦不到，你會另找更好的顧問或者大師幫你忙。結果呢？根本不管用。如果第 3 和第 12 題你答「是」，那麼你是有些潛能，而如果你願意追求卓越，幾年內或許可望躋身到上層。

仔細閱讀本書的內容，你的得分可以大大提升，但你必須做必要的工作。

💡你的交易類型是什麼？

每個人都能成為好交易人嗎？我想不能。拿海龜（Turtles）實驗為例來說。有 1,000 個人看到《華爾街日報》、《紐約時報》和《芝加哥論壇報》刊登的廣告，願意接受理查‧丹尼斯（Richard Dennis）和比爾‧艾克哈特（Bill Eckhardt）的訓練，使用海龜系統。報名者必須填答一份問卷，裡面有 52 道題目，答對題數最多的 40 個人搭機飛到芝加哥接受面試，只有不到半數的人入選，受訓當海龜。雖然丹尼斯贏得了賭注，柯提斯‧費斯（Curtis Faith）❷卻

策略型交易人　　　　詳細型交易人　　　　獨立型交易人

---

❷ Curtis Faith, *Way of the Turtle*. New York: McGraw-Hill, 2007.

說，這次實驗只能說是打成平手，因為有些交易人的表現不錯，許多人卻沒那麼好，而這還是在既深且廣的甄選及訓練之後發生的事！

身為神經語言程式的熱愛者，我總是相信，如果有人能把某件事做得很好，那種技巧也可以傳授給其他任何人。我已經把交易程序的所有層面建模，並且設計講座，訓練人們學習如何成為出色的交易人。不過，並不是每個人都有那種心態和願意做那樣的投入，能做訓練要求的所有事情。

由於這些年來的發現，我做成結論，認為有一些交易類型存在。有些類型是天生的交易人，其他人則需要經過一段磨練，才能嫻熟執行交易的重要事項。

我們發展出薩普交易人測驗（Tharp Trader Test），把交易人分成 15 種不同的類型。我針對每一類型，找了一個初型分配給那類交易人，然後列出該類交易人的強項和面對的挑戰。請上www.tharptradertest.com，找出你是哪類交易人。用幾分鐘的時間回答一份問卷，你會知道自己所屬的類型，以及需要做些什麼事才會成功。現在就做，只要花五分鐘。把你的交易人類型寫在這裡：＿＿＿＿＿＿＿＿＿＿＿＿。

有大約半數的交易人類型，成功的潛能都很高，其中以策略型交易人最為自然，愛玩型交易人最不自然。把這些名詞湊在一起很有趣，因為我的工作之一，是找到適合每一類的初型交易人。為自然傾向於成功的交易人類型，尋找好典範，這件事相當簡單。保羅 • 都德 • 瓊斯（Paul Tudor

Jones）就是策略型交易人的好例子。

不過，不是那麼自然就能成功的交易人類型，我能挑選的例子很少，因為那種人根本不會成為好交易人。針對愛玩型交易人這一類，我最後選上的是星巴克（Starbucks）執行長。他肯定很愛玩，而由於他投資自己的公司，所以我可以稱他是成功的投資人／交易人。不過，他肯定不是瓊斯，而且永遠不可能是。

知道了自己是屬於哪一種交易人類型之後，來看看全部15個類型，以及每一個類型特有的一些挑戰。

1. **策略型交易人**：這類交易人有很好的成功機會，但是 (1) 可能沒有看到情緒性的錯誤，(2) 傾向於追求完美，以及 (3) 強烈渴望把事情做對。

2. **規劃型交易人**：這類交易人也有極佳的成功機會。你的主要挑戰是渴望獲得激情，以及需要把事情做對。你可能很容易就對交易感到乏味，而做出一些事情來減輕這種感覺，結果反而限制了利潤。

3. **詳細型交易人**：詳細型交易人有不錯的成功機會，但你可能見樹不見林，太注重你所做事情的細節，以致錯過了大局勢。

4. **行政管理型交易人**：你可能對自己過於吹毛求疵，卻沒能看清就在眼前的錯誤。此外，受到壓力時，你可能質疑自己對交易的投入不夠多，因為你不覺得交易成績令

人滿意。行政管理型交易人也有不錯的成功機會。

5. **助導型交易人**：這類交易人的成功機會高於平均水準。不過，你可能在邏輯上和觀念上遇到問題，因為你總是在尋找新東西。此外，你可能需要外人肯定你的觀念、信念和系統。

6. **創新型交易人**：你的成功機會高於平均水準。不過，你可能需要外人肯定你所做的每一件事，而且強烈需要一位指導人。此外，由於你的情緒反應，覺得某個系統找你麻煩，可能傾向於過早放棄那個好系統。

7. **價值驅動型交易人**：你交易成功的機會高於平均水準，但覺得必須按照自己的方式去做事。此外，紀律、跟催、注意細節，始終是你的困擾。你也可能發現交易枯燥無味，而做出一些能讓自己覺得興奮的事情。

8. **獨立型交易人**：你凡事注重邏輯，很容易排拒運作得不錯的一些系統，因為你不了解它們的運作道理。此外，交易可能占滿你的時間，使你與人隔絕，不相往來。雖然如此，如果你專心致志，成功的機會不錯。

以下七種類型的交易人，想要在交易的競技場上出人頭地，則困難得多。

9. 社會責任型交易人。

10. 衝動型交易人。

11. 支援型交易人。

12. 準確型交易人。

13. 藝術型交易人。

14. 愛玩型交易人。

15. 冒險型交易人。

就算你是屬於後面這七類的交易人，交易也並非不可能的任務，但你必須更加賣力，投入更多。

💡 執著投入

　　身為教練，我的工作是找到有才華的人，要求他們一定要學習和遵循根本要務。但什麼叫有才華的交易人？我在指導一個人之前，看的是什麼？

　　我最先看的事情之一是投入（commitment）。大部分人會來交易，是因為在另一個專業積攢了不少錢。我們看過很多專業人士如醫生、律師、工程師、資訊科技入行都需要學習很多知識，受過很多訓練，才能嫻熟相關的專業技能。你不能沒受過訓練就走進醫院，說：「我想，今天就來動個腦部手術吧。」要有能力為人開刀動手術，得接受十多年的基礎教育、上過好幾年的醫學院課程、擔任實習醫生、住院醫生。這需要許多奉獻和投入，才能開始執業當醫生。

　　回頭來談談交易。一筆交易的進場價格是多少？也許你看了電視節目，上頭有個理財投資大師侃侃而談，說他喜歡哪些股票。你聽了覺得有理，於是到經紀公司的營業廳開立帳戶，填幾張文件，存進一點錢。然後，你馬上就可以買一些股票，等著獲利。進場交易就是這麼簡單！它本來就設計成這麼簡單的，好讓別人趕快以各種費用和手續費的名目，從你身上撈錢。以這種方式交易的人，結果將和不學無術的腦部外科醫生一樣：把病人給醫死了。就交易來說，死的是你的帳戶。

先前我們曾經提到交易成功的一些要素：

1. 做每天該做的事，然後走過交易程序。
2. 擁有夠強的金錢心態，準備充足的資金去交易。
3. 有個經營計畫指引你的交易。
4. 有個好系統，或者也許是兩、三個好系統。
5. 部位規模設定合適。

所有這些要素的背後，是一切之鑰：你的個人心理。

要把這五件事做得很好，需要全心全力投入，就和當腦部外科醫生需要的那般投入。這麼講是有道理的：出色的交易人賺很多錢，但必須願意去做獲得成功需要做的事才行。

你心裡需要有個目標，也極為渴望達成那個目標，如此你才會做一切該做的事，以順利到達那裡。這就是投入的本質。不過，大部分人並不曉得交易成功需要做什麼事，因為進場交易並沒有要求什麼。雖然我能教人們懂得什麼是重要的，卻沒辦法強押他們投入心力去做。想要交易的人，必須積極投入，才能一一做到交易成功的要素。

不妨想像有個人開著車到處亂繞，沒有特別想去哪裡。姑且叫他亨利吧。亨利停車進入一家速食餐廳，點了一份三明治。那份三明治是他打出娘胎以來吃過最難下嚥的。東西烤得太焦，內餡零零落落，佐料也臭掉了。亨利當然很不滿意，嘟嚷著向其他的客人抱怨三明治有多爛。經理聽到，氣炸了，把他趕出餐廳。亨利火冒三丈，開始透過當地的報紙

大加撻伐，想要逼那家餐廳關門。整件事鬧了幾個星期，但亨利願意耗下去，因為他沒別的事好做。

當一個人不夠執著投入，就會遇到一些叫他們分心的事。亨利沒有打算去特定的地方，背後缺乏激勵他的力量，心裡只記恨著那難吃的三明治，所以願意耗上很多時間打擊那家餐廳。當你從 A 點到 B 點，不執著想要到達 B 點，那麼一路上遇到任何阻礙，你往往會在那邊虛耗光陰，而不是繞過它，繼續向前走。

> 當你從 A 點到 B 點，不執著想要到達 B 點，那麼一路上遇到任何阻礙，你往往會在那邊虛耗光陰，而不是繞過它，繼續向前走。

如果你不決心投入，往往就會遇到什麼障礙，便和它纏鬥一陣子。

接著，另外想像有個人，她趕著要在三小時內和某人見面。她驅車前往赴約地點，半路停在相同的餐廳，吃到同樣糟的三明治。距見面還剩兩個半小時。那塊三明治會突然之間纏住她嗎？不，她可能抱怨幾聲，把它丟掉，繼續上路，因為她一心一意想做別的事。她不是停在另一家餐廳，買點東西裹腹，就是跳過午餐不吃。在執著的人心裡，最重要的是目的地。

當你執著要當個好交易人，就會去做一切該做的事，沒什麼事會引你走進岔路歧途。叫人分心的事情出現時，你會繞過它們，眼裡只有目標。這就是執著的力量，而執著是交易成功的精髓。

依我的經驗，不執著的人會遇到很多讓他們分心的事情，占用他們的大部分時間。他們抱怨太忙，沒辦法去做成功交易人該做的事，但他們的大部分時間，是被分心的事情給占用了。

足球教練找的是有才華的球員，他們執著於練好基本工夫，願意做成為一流球員該做的一切事情。你也許是有史以來最有才華的運動員，但如果你不執著於成為最好的，教練也許會把你從球隊踢出去。我發現自己也對交易人做一模一樣的事：我找有才華且十分執著的人，因為他們是將會成功的人。

你對交易傑出這件事，有多執著？請詳讀我們說過的成功交易要素。你有多執著於要達成這些要素？這是交易成

功，真正的入門要求。

以下刊出我收到和回覆的兩封信，以說明我的論點。

樊恩·薩普博士敬啟：

身為交易人，我的合理目標是什麼？我能靠交易維生嗎？我能從交易賺到幾百萬美元嗎？對於曾經是專業人士的人來說，這合理嗎？

我今年46歲，想要全職交易。我有約20萬美元的積蓄。以我的年齡，以及想當全職交易人的目標來說，什麼事情是我有可能做到的？

E.R.敬上

****

E.R.敬啟：

你的交易目標取決於你。你當然可以當個全職交易人。這在一年到十八個月內是可能辦到的。你當然能從市場賺到100萬美元，而且能夠做到每年都從市場賺到100萬美元。這取決於你願意做什麼事而定。

不過，有許多問題，你得問問自己，因為每一種情境都有不同的答案。

你有多愛交易？你有多執著於要當賺百萬美元的全職交易人？你願意未來五年，一天工作12到16個小時，一個星期六天嗎？這些時間裡面，你是不是願意一天至少花四到六個小時，開始一天的交易事業？你是不是願意每天再

花一、兩個小時，培養可能是你有生以來最寶貴的技能，也就是自知之明？

你是不是願意放棄大部分的休閒時間，至少直到你跨馬上鞍，揚鞭前衝，交易事業穩健進行之前都這麼做？你是不是願意在家人仍在享受你們以前一起享受的東西時，腦子裡只顧想著交易？你是不是願意做一切該做的事，好成為一流的交易人（包括嚴以律己，以及對交易結果負起全部的責任）？一開始，你需要花至少六個月的時間，好好自我修練，觀察自己所有的心理型態，並且研擬各種方法，克服個人的障礙。

此外，你需要再用四到六個月的時間，發展一套經營計畫，做為你的交易事業的基礎。大部分人不把交易看成事業。而大部分事業會失敗，是因為人們不寫計畫。

你是不是願意學習用新的方式去思考市場？這個意思是說，用報酬對風險比去思考，了解風險就是你交易失利時賠掉的錢，以及了解部位規模設定是你努力達成利潤目標的核心。以前你學到有關市場的種種，大多需要翻來覆去仔細檢視，然後當作垃圾般丟掉。你做得來嗎？

你能配合大局，至少發展三套系統嗎？你是不是願意花夠多的時間研究這些系統，使它們成為很好的系統？

提到這些事情，是因為如果你認真想要當個頂尖的交易人，在這塊領域賺進很多錢，這些都是非做不可的事。我的

工作是研究頂尖的交易人，多年來也寫了一些書，談所有這些主題。

一切都要看你肯不肯去做。你願不願意做必要的工作？還是覺得目標太過崇高？

　　樊恩・薩普博士敬啟：

　　我只是普遍的投資人。請告訴我怎麼賺很多錢，但要簡單，不要複雜。我沒什麼時間，我只是普通的投資人。

　　謝謝，R.M.

****

　　R.M.敬啟：

　　你似乎不了解交易是一種專業。如果你是醫生，應該已經研究許多年，學習如何把那門專業做好。就算你讀過一本相關的教科書，也不可以從街上走進來，拿起手術刀就要動腦部手術。

　　同樣的，如果你是工程師，也一定花了很多年學習你那門專業。你不能沒受過什麼訓練，就開始動手造橋。那橋可是會垮的。

　　因此，聽到你說自己是普通的投資人，我知道你沒受過什麼訓練，而且不準備花時間接受訓練。這表示你可能得到普通的結果，而普通的投資人通常是賠錢的。

　　我對藝術的品味不俗。每回到藝廊，我最喜歡的作品往往是那個藝廊裡價位最高的。除了我不了解的抽象藝術作品，對各種藝術品我都有本事挑出最值錢的作品。

　　既然以此做為開場，我想談談我太太的學畫經驗，她從初學到學成約花了五到十年的時間。她的許多作品，可能是藝廊陳列作品中能深深吸引我的那種類型。這裡選了她的兩幅作品。第一幅是抽象畫作，為我們的辦公室畫的。我平常不喜歡抽象畫，卻喜歡這件作品。我們把它掛在我辦公室牆上，我一進辦公室就看得到。

卡拉・薩普（Kala Tharp）的抽象畫「激情」

第二幅是模仿自法國一位畫家。我們都喜歡這位畫家的畫風，我個人覺得內人畫的，不輸那位法國畫家的作品。

我想說的是，其實不是她畫得有多行，而是要指出，她做了什麼事，才會畫得那麼好。我想，她從業餘畫者到搖身而為專業畫家，是因為做了兩件事。首先，她前往愛爾蘭參加 Avatar 研習。她不覺得在那裡學到很多，但此後她的繪畫技巧大幅躍進。她說，不知道怎麼的，她的創意釋放了出來。她不再擔心最後的結果將如何，只顧放手表達自我。

卡拉‧薩普的膠彩畫「湖邊公園」[3]

---

[3] 請上網站 kalatharp.com，有卡拉更多的作品介紹。

她做的第二件事，是開始遵照茱莉亞‧卡麥隆（Julia Cameron）所著《12週開發創意潛能法》（*The Artist's Way*）❹一書的自我改善辦法去做。就在她這麼做的時候，我注意到她的畫作愈來愈好。這時，我發現她真的熱愛自己做的事。

那麼，這和交易與成功有什麼關係？各行各業的成功人物，都是從某種自我改善辦法做起的。他們踏進自己喜歡的領域，而且由於他們執意做好（因為熱愛），各種事情就會發生，助他們一臂之力，讓他們有好表現。

有一天，就在內人依照自我改善辦法在做時，她向我表示：「沒人像我這樣搬磚砸腳。」很高興聽她這麼說，因為當人開始那麼想，我就知道他們對自己所下的工夫，已經有了很大的進步。其實，光聽她那麼說，我便曉得她已經領先大部分人；因為大部分人根本不提自己錯了，甚至不知道有那些行為存在。

我的大部分超級交易人都花了至少六個月，或甚至一年，在心理層面下工夫。當他們曉得自取其敗的程度有多嚴重，決心好好改善，我便知道他們會成功。我不敢期望人會把和自取其敗有關的主要問題清除乾淨，但一旦他們在至少五大問題上轉型（而且曉得他們因此有所不同），我便深信他們能夠克服路上將出現的其他任何障礙。

---

❹ Julia Cameron, *The Artist's Way*, 10th anniversary ed. New York: Tarcher, 2002.

現在該來談談任何交易人都具備的最重要特質：個人責任。為什麼個人責任那麼重要？我相信一件事：「你」是你的交易中最重要的因素。最重要的不是你的系統，因為「你」既產生你的系統，也執行你的系統。最重要的不是部位規模設定，因為「你」必須執行適當的部位規模設定演算式，以產生符合「你的」目標的結果。而且，最重要的不是市場，因為你不是真的在交易市場，是「你」在交易「你對市場的信念」。

身為交易人，結果是你自己創造的。當你了解這一點，便會知道：如果想要更有效的成果，「你」必須改變。

我在自己的一些講座，玩過前面所說的模擬遊戲。那個遊戲中，每個人的交易都相同，唯一真正要做的決定，是賭多少錢（其實這是和部位規模設定有關的遊戲）。事實上，由於每個人的交易相同，這個遊戲唯一有影響的兩個因素是部位規模設定（決定「多少」）和個人心理。但在 100 個人參加，期望值為正（positive expectancy），目標是贏得遊戲的這個遊戲中，我通常看到三分之一的人破產，另三分之一賠錢，其餘三分之一賺進非常可觀的利潤。

大體來說，我會請在座的學員抽取彈珠；這些彈珠代表一個系統可能隨機產生的交易。此外，我會請同一個人不斷

抽取交易（也就是彈珠），直到他的交易獲利。這表示，如果一連輸了很久（通常會有這種事情發生），那將是和一直從袋中抽到賠錢彈珠的人有關。我接著問其他學員，手指著一直輸的那個人：「有多少人認為你破產是因為比爾的關係？」叫人驚訝的是，相當多破產的人舉起手來。和那個假設有關的問題是，幾乎每一個模擬遊戲，都有一長串的賠錢機會（本來就設計成那樣），而那一長串機會總是和抽彈珠的人有關。因此，如果你相信那個人該負責，就可能一再犯下相同的錯誤。你會在許多遊戲中破產，而且總是「比爾的」錯。

此外，當我問人：「你為什麼會在這個遊戲中賠錢？」可能的反應有許多：

- 那是抽到賠錢彈珠（交易）的那傢伙的錯。
- 這是個蠢遊戲，並沒有反映真實的交易。
- 那是隨機發生的事，和我無關。
- 我缺乏一個好系統。
- 我是愚蠢無比的白癡。

所有這些反應都是藉口，不會幫助你改善。只有一個反應有助於自我改進：「我冒險花太多錢在許多交易上。我的部位規模設定策略不當。這是我賠錢或者破產的原因。」

當你了解這一點，就能矯正問題。當你講出其他任何藉口，那不過是把問題愈弄愈混淆，而且將來會再犯同樣的錯誤。

你是不是開始了解為什麼對你的交易負起個人責任那麼重要？

當你看著自己的交易結果，說「這結果是我製造的」，這表示整個程序由你當家作主。如果你不喜歡那個結果，可以開始尋找自己到底哪裡犯了錯。找到真正造成那些結果的關鍵錯誤之後，便能有所改變，以期得到更好的結果。這是為什麼個人責任那麼重要，以及為什麼在我所有的「超級交易人」身上看得到的原因。

你喜歡自己過去十二個月自己當交易人所製造的結果嗎？如果不喜歡，你犯了哪些錯誤？可以如何矯正它們？問自己下列問題：

- 我有經營計畫，以指引交易嗎？
- 我有沒有為最糟的情況擬定應變計畫？
- 我是不是有幾個正期望值系統，在我能交易的這種市場環境中經得起考驗？
- 如果市場類型改變，我是不是有行得通的其他系統可用？
- 我有注意到目前的市場類型是哪一種嗎？
- 我是不是經常自我修練，以此做為我進行交易的核心？

這些問題，任何一個答案如果為「否」，你就有一些線索可循，曉得為什麼過去你會得到那些不喜歡的結果。順便一提，這些只是你可以問自己的一些問題而已。

💡 你的藉口是什麼？

讀到這裡，對於如何改善你的交易，你應該有了許多想法才對。你很有可能找不出好藉口，不去花一個月（或者六個月）的時間，去擬定自我修練的好計畫，以及執行許多想法。那麼是什麼事情阻止了你？

花點時間，寫下你的藉口。其中一些藉口和理由，是不是像這樣？

- 我根本抽不出時間。
- 如果去做這件事，我可能失去其他某樣東西，而且失去更多的錢。
- 這本書不適合我。我買它的時候，想要的是簡單的招術，沒想到竟然這麼麻煩。
- 薩普博士其實不了解我。如果了解的話，這本書會寫得簡單一點。
- 我日子過得不錯，沒什麼壓力，不需要蹚這個渾水。
- 自我修練是很嚇人的一件事。
- 太多事情叫我分心，沒辦法專心。
- 我是對的，薩普博士根本不懂。
- 我需要好好研讀這個東西，卻似乎就是挪不出時間。
- 如果我的另一半了解這個東西，以及它有多重要，事情做起來就簡單多了。

改善自我很嚇人。

　　當你講出如此這般的藉口，目的不過是想證明自己是對的。基本上，你等於在說，你喜歡某些信念，因為它們是對的。這不會使你快樂，不會使你成功。但你確實證明自己是對的，而如果你覺得這很重要，好吧，就算你對。

　　有個更好的策略，可以用來評估某個信念，問你自己：「它有用嗎？能讓我得到想要的嗎？它行得通嗎？」神經語言程式的基本先決條件之一，是如果某樣東西行不通，那就去做別樣東西。其他的東西，十之八九會產生不同的結果。

　　如果你的交易做得不好，那就改變你正在做的事情。如果你的交易系統運作得不好，那就改變你使用系統的方法

（你的出場點和你的部位規模設定）。如果你的生活過得不如意，那就改變你的生活方式。問問自己，不管你正面對什麼：「行得通嗎？或者行不通？」

生活是一個過程，沒有成功或者失敗，只有回饋（feedback）。長時間以來，你已經得到所做事情的回饋。你願意現在就改嗎？永遠不嫌遲，永遠不嫌老。今天永遠是你餘生的第一天，所以，現在就開始。

假想你得為此生到現在為止發生的每一件事負責。我們不是剛談過這個主題？當你終於決定得為自己的生活負責、為過去已經發生的事負責，你會發現自己有如脫韁野馬，放

我現在的工作太吃力

我太累了！

如果這事適合我，做起來會容易些

我日子過得還不錯

自我修練做起來很難！

我沒時間

只要能賺到錢，何必自我修練？

你的藉口是什麼？

蹄狂奔，得到無比的自由。你現在可以決定想要什麼，而且
由你當家作主，讓它發生。

💡 給自己力量

交易人可用以下三種一般性態度中的一種進入市場：第一種態度是悲觀的，第二種是隨機和中性的，第三種是凡事都能辦到（empowerment）。第一種態度永遠一事無成，第二種態度很少帶來相當大的成功，但第三種態度，做得適當的話，保證成功。

假設你擁有巨大的力量，能從你的交易活動，創造想要的結果。做這個假設的一個好理由是，你的確擁有這種力量。我們談過這件事。要是你擁有這種力量，但你卻從悲觀

給自己力量

的觀點去交易，你認為會發生什麼事？你會賠錢。不管你的系統有多好，你都會找到賠錢的方法。

如果你以中性的態度進入市場，而且你擁有這種力量去創造自己的生活，最好的表現頂多只是普通的水準。你當然不會添加任何個人能量到市場上，而且我想你的表現會低於標準。

我們來看看第三個選項：用凡事都能辦到的態度去交易。我在建立交易人模型的過程中，觀察到所有的好交易人都知道，到了年底，他們會贏。我可以再進一步說，出色的交易人知道，到了月底（或者這個星期結束），他們可能會賺錢。這是什麼意思？這表示他們滿懷信心（faith）。你必須相信自己和相信你的交易。你必須在內心深處知道你已經贏了，而且感恩你得到的成功。

信心是一種神奇的力量，把你推向偉大。我們拿聖經裡的一些話為例來說明：

> 照著你們的信給你們成全了吧。　　　　馬太福音 9:29
>
> 你們若有信心像一粒芥菜種，就是對這座山說：你從這邊挪到那邊，它也必挪去，並且你們沒有一件不能做的事了。　　　　馬太福音 17:20
>
> 你若能信，在信的人，凡事都能。　　　　馬可福音 9:23

> 無論何人對這座山說：你挪開此地，投在海裡，他若心裡不疑惑，只信他所說的必成，就必給他成了。
>
> 馬可福音 11:23
>
> 所以我告訴你們：凡你們禱告祈求的，無論是什麼，只要信是得著的，就必得著。
>
> 馬可福音 11:24

順帶一提，我一向避免提及太多和性靈有關的勵志話語，因為我發現許多人對性靈的信念，既太強（「他們是什麼樣的人」的本質）也太窄（如果你超越他們的界限，就會進入危險區）。但我的目標是協助人們改變，而我發現，最強有力的改變，是在性靈的層次。因此，該來開啟交易的性靈基礎了。

當你懷有信心，就會把個人責任（即使那等於神透過你做工）帶到另一個層次。當你在那個層次運作，絕對是表現頂尖的人。

寫下你的信念

前面談過，務必誠實做好自我評估。這是什麼意思？我們來更深入探討你自己，以及你製造交易結果的方式。

來談談表現頂尖的交易，簡單的兩個步驟。我發展出一套程序，叫做交易人重生範式（Trader Reinvention Paradigm），幫助交易人達到顛峰的表現。這個範式的一部分，是為自己設定目標，擴展你自己，讓你離開舒適區，然後幫助你致力達成目標。要做到這件事，需要經常專注於你邁向目標的進度，然後問：「我是怎麼產生那個結果的？」，以及「我可以如何做點不一樣的事情，以便更接近我努力想要達成的目標？」

這麼做，通常會擴展你，而你將必須不斷思考你如何造成那個結果。這一招是設計來幫助你評估那個答案的。

你並不是在交易市場，沒人那麼做。許多人聽了可能大吃一驚，但你交易的其實是你對市場的信念。此外，你做那件事的能力，也受到你對自己的信念影響。

希望你能做個練習。把你相信自己是什麼樣的人寫下來。那些信念通常一開始這麼寫：

- ◆ 我是……
- ◆ 我覺得……
- ◆ 我體驗到自己是……

如果這種練習對你來說是新鮮的，在你第一次這麼做的時候，可能寫下自己的一堆正面特質。此外，你也許寫不出超過20或者30個信念，但實際上卻有數百個之多。

假設你想了約五分鐘，寫出下面這些句子：

- 我是相當不錯的交易人。
- 我對自己的潛能，懷有正面的感覺。
- 我喜歡自己。
- 我對市場的想法，相當敏銳。
- 我很聰明。
- 我很有創意。

你知道，還有很多可寫，但是想了15到20分鐘，就只能寫下這些。好吧，剛開始這樣就好，但我要你每次交易時，不管是建立部位，還是軋平部位，繼續做這個練習。

假設現在是星期一上午，你在市場建立兩個部位。之後，你繼續評估自己，注意到自己的想法：

- 我十分興奮。
- 我喜歡動得快的股票。

好，不錯，你觀察到自己的一些事情。

但是下午中段，市場急跌，你有三支股票當天跌了500美元。注意你的想法：

- 我真氣建立那個部位。才剛進場，走勢就對我不利。
- 這次才不讓他們從我身上撈錢。我要掛著，直到回升。

你又對自己有了更多的觀察。繼續這麼做，直到你寫下一百則以上，反映你和自己感覺的句子。這麼做的時候，你會對自己產生的交易結果有更多的看法，而且願意開始走上成為頂尖交易人之路。

現在你寫了 100 個信念，針對每個信念，問自己六個問題，去檢視那些信念。我把這叫做信念檢視範式（Belief Examination Paradigm）。

1. 誰給了我這個信念？父母？同儕？媒體？學校？或者是我自己選的？
2. 由於這個信念，我做了什麼事？（至少寫出五件事。）
3. 由於這個信念，我沒做什麼事？（同樣的，至少寫下五件事。）
4. 這個信念如何限制住我？
5. 這個信念有用，所以我想留下來，或者因為它綁住我，所以我想擺脫它？（順帶一提，在很深的層次，所有的信念都會以某種方式綁住你，但有些在你現在發現自己所處的層次，仍然有用，所以值得保留。）
6. 如果這個信念沒用，我能不能就丟掉它，換一個更有用的？或者是不是因為有個包袱（感情上的），只好繼續持有？

如果你發現，因為有個包袱，才持有某個信念，那麼你得拋開那個包袱，信念才會自由。稍後我們會談到怎麼做那件事。

我們來看看信念的一個例子：好的表現，來自選對股票。我們用信念檢視範式，來把這個信念探討一遍：

◆ 誰給了我這個信念？我一直聽人這麼說。許多書都在教人怎麼選股。我收看專家在財金頻道上推介股票。每個人都在談它有多重要，所以一定是真的。

◆ 由於這個信念，我做了什麼事？我花了很多時間尋找正確的股票。我聽那些自命選股高手的人怎麼說。我讀談選股的書。一旦我選對股票，該做的事便只有買進抱牢。我質疑自己的選股標準，看看能不能改善。

◆ 由於這個信念，我沒做什麼事？我不花時間分析自己，所以我不必負擔個人責任。如果買到的股票沒賺錢，我不必尋找自身的錯誤。我只要認為自己沒做好選股工作就行。我避開出場和部位規模設定等其他重要的交易層面。我不做很多規畫，因為那和選股無關。而且我當然不注意整體的市場狀況，因為正確的股票應該永遠是好的。

你能開始看出這個信念的某些面向也許不是那麼有用嗎？但願你看得出來。接著就來談下一個問題。

◆ **這個信念如何限制住我？**這個信念施加的限制很明顯。

它讓我認為進場和選股是賺錢的最重要面向。如果我沒做好，我會覺得選股標準大概出了什麼問題。其實，我應該能夠把注意焦點放在自己身上。我應該專注於系統的其他部分，以及系統是否運作良好。此外，我需要知道這個系統將如何能在不同的市場類型中運作，以及如何設定部位規模，以達成我的目標。這個信念使我忽視這些事情。（大部分人當然沒辦法說出這個答案，因為這個信念會限制他們知道其他的因素。）

◆ **這個信念有用嗎？** 由於選股是交易最不重要的面向之一，這個信念可能不是那麼有用。

◆ **我能改變它嗎？** 或者它背負著一個包袱？我應該能夠改變它，但是我有點害怕捨棄它，因為不曉得會不會影響其他的事情。

這個人也許需要放掉害怕。

在你對一百個信念完成這個練習之後，想像你對自己的生活會有多大的控制力。如果你把它用在一千個信念，會發生什麼事？你會不會這麼做，取決於你相信這個練習有多大的用處，這正好證明你的信念力量有多強，以及你對於控制自己的生活和你的交易帳戶有多麼執著。

💡享受你遇到的障礙

來看看你可用來自我修練的一些程序。本書稍後會介紹很多；找到對你有用的，然後開始進入這個程序。

你已經知道，一個目標清楚、執著力行的人在遭遇障礙之後，會重新聚焦於目標，再朝目標走去。相形之下，不執著投入的人可能會在障礙中掙扎好長一段時間。事實上，大部分人終生都在應付橫梗在路上的障礙。

人生不管遇上什麼事，過程總是起起伏伏。在市場交易，也會有許多時候是這樣。想在上漲期間獲利，你必須忍

為你的虧損歡呼

受或甚至享受下跌期間；要享受獲利，你必須接納虧損。為損失歡呼，也許有用。

我是神經語言程式的建模者。前面說過，這表示如果某個人做某件事做得很好，我可以藉著了解他或她的想法，找出那個人做事的精髓。

因此，當一個人輕而易舉、不費吹灰之力，從 A 點走到 B 點，我可以判斷他或她是怎麼辦到的，然後把那種技能傳授給其他人。也有些人是輕而易舉、不費吹灰之力，就從交易賺到錢，我研究這些人已有二十五年之久。

我發現，人從現在的位置，走到他們想要的目標，主要面對的問題之一，是他們每天都會遇到的那道牆或者障礙。面對這些障礙，有個共同的解決方法就是接納它們。如果你樂於撞牆，通常也會容易重新聚焦於目標。

置身於市場之中，虧損之牆是你勢必會面對的最大障礙之一。如果你不願賠損，將會相當難和市場交手。想要不虧損，那真的是幾乎不可能。這就好比走路只想用左腳，而不用右腳。這是走不動的，想要交易不發生虧損也一樣。

當你想要做對，你交手的對象就不是障礙。相反地，你是在強迫事情發生。你今天的交易賠了很多錢，而你卻想著要從中賺取利潤，那麼你根本不是在和今天的障礙交手。你要去享受障礙、擁抱它，而且願意接受它。如果市場告訴你，認賠出場的時候到了，就那麼做吧。

優秀的交易人通常會在市場設一個點，一旦到了那個

點，他們知道必須軋平部位以保本。認賠十分重要。這可以保存你的資本，所以應該樂於這麼做才對。

但是，如果你不了解虧損和做對或做錯無關（它只是整個程序的一部分），你可能使它演變成一頭巨獸。接著發生的事，是你力抗每個損失，而在你忙翻天之際，虧損通常愈滾愈大。比方說，如果你害怕蒙受 500 美元的損失，不肯認賠了結，你可能很容易就眼睜睜看著它變成 1,000 美元的損失。而這 1,000 美元的損失，如果不認賠，也可能很容易就滾成 2,000 美元的損失。在該認賠的時候不出場，最後的淨結果就是一個賠錢的交易系統。

再想想。如果你面對虧損有這樣的問題，那就很容易把好的交易系統，變成賠錢的交易系統。如果你不知道那是你在處理虧損時出了問題，也許就會變成是交易系統有問題。或者，如果你是照著某人的建議在做，那可能就成了出主意的人有問題，或者你的基金經理人有問題。

結果會怎麼樣呢？交易人常把他們和市場之間的關係加以轉化，而另行發展不同的系統，或者請專業資金經理人代為交易。他們不接受市場給他們的訊息，和市場之間一向存在的這個老問題，變成了他們和系統，或者和新顧問之間類似的苦戰。他們以前是在發生一連串的虧損之後退出市場，卻錯過不久之後的大行情。現在，他們捨系統而不用，直到它的表現真的很好。當系統出現巨大的利潤，他們才一躍而上，不久卻慘遭市場掃地出門。同樣的情況，也發生在他們

拿錢給資金經理人去投資時。想要做對的渴望，激勵他們去找當紅的頂尖資金經理人，不久卻蒙受一長串的虧損。

從心理層面來說，如果你不去理解自己遇到的障礙和擁抱它們，就會另找其他的方式一再重蹈覆轍。你要知道，你會撞牆，是因為它們在那裡等著你去撞。當你接受這個事實，並且擁抱它，就會接受撞牆這件事。說來奇怪，接著你反而不會注意到牆的存在。結果，在市場上的成功反而更上一層樓。

好交易人曉得他們可能連續虧損十到二十次。這是交易這一行的一部分。這種事情肯定會發生，只能接受它，然後邁開步伐往前走。如果你沒辦法接受它，那麼問題出在你身上，需要處理的是這件事。

「用心」交易

　　如果你可以只注意市場正在做什麼，那會發生什麼事？你會完全活在當下，沒有任何先入為主的觀念或者偏見影響你。這麼做，你的交易可能會加快進入新層次。練習用心（mindfulness），你可以那樣交易。

　　舉例來說，2008 年 10 月，有位朋友在市場上賠了很多錢。我勸他出場。我說，現在走的是大空頭市場，他應該在場外觀望，直到走勢結束。他聽從我的建議。

　　隔週，美國聯邦準備理事會降低重貼現率。市場因為這個消息，應聲上漲，他打電話給我，想要重回市場。我說，當市場開始再次上漲，你會看得很清楚，知道它正在上漲。空頭市場中，消息面造成的短期波動往往很大；但如果你只注意正在發生的事，它就很明顯。大部分人不容易做到這一點。他們沒辦法看到正在發生的事，因為他們滿腦子都是吱吱喳喳的雜音。解決方法是用心去交易。

　　我最早注意到的「用心」，是一種冥想形式，你只要讓心靜下來，然後在你想到什麼的時候，「看著你的想法」。當一個想法跳上心頭，你會注意到它就在那裡，然後釋放它。這就是冥想。經常冥想，對你的生活會產生深遠的影響。

用心也是一種存在（being）的狀態。哈佛大學心理學家艾倫・蘭格（Ellen Langer）寫了兩本書，讓這個詞流行起來：《用心》（*Mindfulness*）和《用心學習的力量》（*The Power of Mindful Learning*）。[5] 她把用心定義為一種存在的狀態，一個人可能因此 (1) 創造新的類別；(2) 歡迎新資訊；(3) 從多個觀點看事情；(4) 控制情境；(5) 把程序放在結果之前。

創造新的類別

用心是無心（mindlessness）的相反。無心意指環境怎麼樣，就怎麼過。這表示，假設你所有的信念是固定，而且是真的，這麼一來，你能做的事，就只是尋找證據，去支持那個真理。相形之下，用心是指不斷創造新概念和新類別，不固執地以為它們是真的。

比方說，想想你最近一天的交易。這天的交易，看起來像什麼？你也許會說：「我有些交易做多，有些放空。我也軋平了一些交易，有些獲利，有些賠錢。在兩筆交易之間，我觀察市場的走勢。」

即使我給你錢，要你把昨天和交易有關的每件事情都列出來，你寫下來的可能不會比剛說出來的多太多。可是你就是做了那麼多事。你也許經歷過一千種不同的情緒，自己卻

---

[5] Ellen J. Langer, *Mindfulness*. Reading, MA: Addison Wesley, 1989. Ellen J. Langer, *The Power of Mindful Learning*. Reading, MA: Addison-Wesley, 1997.

忘了。你可能讀過一百則新聞。你也許和某人講過電話。可是除非我向你提起這些事情，你可能不會想到它們。

大部分強烈的意見，屬於總體類別：

- ◆ 昨天市場上漲。
- ◆ 我們處於 ABC 回檔走勢的 C 波段。
- ◆ 我昨天賠了錢，但有照著系統的指示去做。
- ◆ 我們處於長期空頭市場的上升波段。
- ◆ 我應該注意市場現在發生的事情。

所有這些話，都反映了你可能用來形成本身意見的總體類別。如果你對市場的想法，形成新的類別，會發生什麼事？請非常仔細地想想市場。誰是不同的玩家？你認為他們每個人正在市場做什麼事？打電話給你認識的人，留意他們的反應和他們的觀點。藉著創造新類別，打破舊思考型態，你的交易會更上一層樓。

歡迎新資訊

新資訊不斷衝擊所有的生物，他們的存活取決於是否能接納那些資訊。研究指出，人如果被剝奪一段時間（不拘長短）的資訊，便會受到暫時性的心理傷害。年幼的動物如果被奪去感官輸入，稍後的生命階段會受到嚴重傷害。你需要感官資訊來刺激你。

大部分人都不斷暴露在新資訊之中，因此，我們不會有

歡迎新資訊

缺乏資訊的問題。不過，大多數人傾向於過濾、概化、扭曲或者刪除大部分資訊。敞開心胸，更樂於接納來到你面前的資訊，是改善你交易績效的一大步。

從多個觀點看事情

至少可以用三個一般性的立場或者觀點去看待資訊。第一個觀點是「我」的立場：「這個資訊如何影響我？」

第二個觀點或者第二個立場，是它如何直接影響另一個人：「那個人的觀點是什麼？」第二個立場可能是和你反向交易的人，或者為你創造市場（making the market）的人所持有的。從那個人的觀點看新資訊，可能是很寶貴的做法。

第三個觀點是中立觀察者觀察其他所有參與者時所持的立場。這就好比有人在太空中，能夠看到其他每個人正在做

什麼，並且看到全貌一樣。

這三個觀點，在愛因斯坦的思考過程中十分重要。這是他形成相對論這個偉大觀念過程中的一部分。這些觀點也是我所知的一些最強大變化的基礎。你不妨試試。第一和第二個立場當然有許多可能的玩家。你可以試試多種可能性，因此得到不同凡響的洞見。在如何回應、設身處地去想別人等方面，你會有更多的選擇，也會遠比從前更容易改變行為。

請記住，有些行為你可能認為是負面的，但大部分人卻覺得有其「好」理由。它們背後的意圖是好的。提早結束某筆交易時，你是因為「緊張」，還是因為「審慎」？沒有執行某筆交易，是因為你「害怕」，還是你的交易計畫尚未完整發展和經過測試？一般來說，如果你遲遲不能「扣下扳機」，這表示你可能十分重視計畫需要徹底測試過，可是現在還沒有這樣一份計畫。

控制情境

你的很多行為，都取決於情境（context）。比方說，許多專業交易人知道，一筆交易可能虧損 20,000 美元，但他們還是願意支付 1,500 美元的交易成本去冒險賭一賭。但同樣這位交易人卻極不可能花 1,500 美元去上課，就算這個課程也許會讓他們的交易改頭換面，幫助他們避開許多虧損交易。他們會這麼做，背後的邏輯是：虧損是做生意的成本，而上課是不必要的成本。如果倒過來想，把上課想成是做好生意

不可或缺的一環，那會怎麼樣？它會變得遠比賠錢的交易重要，尤其是它可能讓交易人每年少賠好幾千美元。這當然要取決於你選什麼樣的課程而定。

練習用心的人，會察覺他們是在什麼情境中解釋各種事件。他們也願意轉移情境，以確定他們的行為和他們的想法受到的衝擊。這一來，他們給了自己遠多於從前的選擇，也遠比從前更可能賺到錢。

問問自己下面這些問題：

- 我如何解釋自己的損失？
- 我是在什麼情境中觀察自己所有的交易？
- 交易如何融入我生活上其他的事情之中？
- 只改變上面所說問題之一的情境，結果會變得怎麼樣？

把程序放在結果之前

我們可以想像自己正緩慢往前一步步推進，可是遙遠的高處似乎可望而不可及。不過，當你走得夠遠，你也會走到高處。

如果你一心一意牽掛著最後的成果（交易結果），也許最終難以取得那個結果。只將心思放在達成結果的過程，也許反而更有可能達到目的地。

每一個結果之前是個程序。除非你照著預定的計畫，而且遵循不悖，否則你的交易不會賺錢。如果你能摸著良心

說，從早到晚都完全遵照自訂的守則在做，那你應該鼓勵自己一下。每一位超級交易人都因為一步一腳印，一次執行一筆交易，而爬到那個高度。超級交易人和普通交易人之間的首要差別，在於前者可能每天持續依照計畫在做。超級交易人犯的錯可能很少。

要在交易中練習用心，可以怎麼做？

首先，每天做二十分鐘的用心冥想，至少一個星期。如果你練習觀照自己的想法，而且在一注意到它們的時候就放開，那你可以很滿意地對自己說，這個練習做得很好。

其次，常常寫日記，記下生活中發生的事情。幾天之後，開始用心冥想，然後繼續寫日記。用心冥想一個星期之後，看看你的日記，注意你的生活有多大的不同。

最後，對你的交易用心，並且做以下幾件事：

◆ 想像你在每筆交易中都和自己反向交易。現在那個部位，感覺起來如何？也請想像你自己是個中立的觀察者，在你和其他人在市場建立部位時看著你們。你覺得那個人會怎麼想？

◆ 尋找每一筆新交易的新資訊。你通常接受什麼資訊，以及排拒什麼資訊？

◆ 當你在交易時做了不喜歡的事，請注意你是在什麼情境中解讀為不喜歡它。換成不同的情境，你可能如何解讀那個行為？有什麼其他意圖可能造成那個行為？也許其

他那些意圖，正是你很在意的。

- ◆ 專注於交易的程序，遵循你的守則。其實，每一天結束時，應該問自己一個簡單的問題，「我有遵循自己的守則嗎？」如果有，鼓勵自己一下。如果你沒訂定任何守則，顯然沒有什麼守則可遵循。想想這樣有什麼不對。

這些練習，如果用心去做，會產生很強的力量。如果不去做，就沒什麼意義。你要去做嗎？如果答案是否定的，問問自己為什麼不做。也許你不相信它們幫得上忙。如果是這樣的話，請照著前面說過的「信念檢視範式」走一遍。或許你並沒有執著於交易成功。如果是這樣，那麼你又執著於什麼？你愛做什麼呢？

和你內心的解讀者交朋友

想一個你交易上的問題。幾乎任何問題都可以。也許你太早獲利了結。眼睜睜放著讓某筆交易溜走，也許令你生氣。或許你經常事後才恍然大悟，曉得自己做錯了。不管問題是什麼，寫下來就是了。你可以把這個練習，用到你覺得可能有問題的任何事情上面。

一旦你找到那個問題，接著寫出和它有關的幾個句子。你為什麼認為你有這個問題？是什麼原因造成的？你對這個問題的反應是怎樣？你的句子，幾乎怎麼寫都可以：

- ◆ 「為什麼我一直那麼做？」
- ◆ 「那個行為只不過暴露我的愚蠢而已。」

和你內心的解讀
者交朋友

◆ 「我似乎就是控制不了自己。」

◆ 「那個問題其實沒什麼大不了，卻似乎一再上演。」

這些句子是你對問題的解讀。事實上，如果沒有這樣的解讀，或許你不會有那個問題。因此，和你內心的解讀者交朋友，可能是很重要的一件事。

這個練習，需要用到想像力，要願意像個孩子那樣玩。

1. 列出一個問題，以及和它有關的幾句話之後，問問自己：如何解釋這個問題發生的方式最好。也許你已經用一句話解釋了，如果還沒有，就再寫下一句話。把你聽到的寫下來。此外，注意說那句話的聲音品質。你在哪裡聽到這個聲音？它從哪個方向來？那是誰的聲音？是你自己的嗎？還是別人的？

2. 現在再找兩個問題，重複步驟 1。這些問題對你務必有感情上的重要性。

3. 看著三個問題如何發生的三句話。它們有什麼共同點？請注意這些句子的持久性和滲透性，也請注意聲音背後的整體性格。

4. 改寫這三句話，讓它們更加樂觀，時間或者場合更加明確，並且把它們放在發生的地方。設法讓它們不具人性，和你的行為分離開來。

5. 假設你的一部分（你內心的解讀者）得為這些句子負責。這一部分的你，活在哪裡？在你頭的一邊？在頭的

前面？或者，也許來自你的心。請再次注意聲音似乎從哪裡來。

6. 把這一部分的你看成朋友，為它想一個正面的理由。感謝這一部分，幫忙帶你走到今天這個地方。它真的是你的朋友，你需要承認這一點。

7. 既然你正和內心的解讀者進行溝通，再次請它對你的三段經驗，做出更為正面的反應。

8. 把解讀者的聲音，移到身體的另一個部位，比方說是右肩。改變音調，讓它聽起來像是你喜歡的卡通人物或者名人的聲音。再次試著移動它，給它另一個新聲音。聽那個聲音給你新藉口，也許那會是更樂觀的藉口。

9. 注意你現在對你的解讀者的感覺。

10. 現在，讓你內心的解讀者到它覺得最適合的地方。那個地方也許是它原來所在，或者是你身體的新部位。把你覺得最放心的聲音給它。

如果你在練習的過程中卡住，不妨編造一個解讀者出來。其實，你並沒有編造任何東西，當你編造某樣東西，你不過是把它從無意識的心靈中叫出來。

當你這麼做，你會發現，你對自己的感覺、控制力突然之間遠高於從前。你的解讀永遠不是現實。相反地，它們只是對特定事件的判斷、感覺或者信念而已。它們感覺像是真的，是因為它們給你情緒上的反應。但是情緒和現實無關，

它們只是來自於你而已。

這種解讀的一個好處是，它們是可以改變的。改變不花一毛錢，卻給你莫大的好處。現在該把你內心的解讀者放在你那一邊了。畢竟，它是你的朋友。

有個人，姑且名之為比爾吧，他做這個練習的過程如下所述。比爾想到一個問題：每當他和太太談起交易，她會對他做哪些批評。他似乎可以聽到她對他說：「交易根本就是賭博，那不過在浪費時間，一點好處也撈不回來。」

比爾寫下和這個問題有關的一些句子：

- 我娶錯人了。她這個白癡，根本不懂我在做什麼。
- 父母灌輸給她的是老舊的工作倫理，交易不符合那個工作倫理，怪不得她不高興。
- 她需要安全感，在我告訴她交易方面的事情時，她總是覺得放心不下。

他注意到這個聲音的音調很高，而且似乎總是來自頭的右邊。它似乎來自頭內一個很高的位置。當他對更多的問題重複做這個練習，聲音有相同特質，而且來自相同的地方。

當他試著移動聲音，首先把它放在喉嚨，讓它顯得刺耳，那一點也不好受。不過，讓它在兩眼之間移動，並給它小孩般的聲音，就什麼問題也沒有了。這似乎令他很舒服。

當他對眼前的情況做出比較樂觀的新解讀，他發現把聲音放在新位置相當容易。因此，他決定給他內心的解讀者一

個新家。現在，這個部分似乎遠比從前感激他，給他製造的問題很少。

接下來四個星期，每個星期至少做一次這個解讀者練習。請注意在你做過之後，發生了什麼事，並且持續不斷練習。你可以在你的人生中，加進很寶貴的一樣工具。

動手去做，這些練習才有用。請判斷它們對你有多重要，然後去做。

💡 學習「抽離」

想要在交易上有頂尖的表現，你可以找一位市場高手來觀察，看看她如何展現超群的技藝。不過，你也可以觀察其他領域中的高手，注意他的一些行為是不是可以套用到交易上。談到這一點，我很好奇，想知道愛因斯坦對現代市場會有什麼樣的想法。我知道，愛因斯坦做得很好的一件事是抽離（dissociate）。他用意象，走出自己的身體，改用另一個觀點來看事情。

你也可以試試這個練習。在隨之而來的這趟意象冒險的每一部分，請注意你的想法是什麼，以及你的體驗像什麼。

這是意象之旅的第一景：在電影銀幕上看到你自己（你整個身體）準備跳傘。看到你在飛機上，身上繫著降落傘。接著，看到你自己就要跳下去。跳下之後，看你自己自由墜落約十秒鐘，然後拉扯開傘索。請注意拉扯開傘索之後，發生了什麼事；那就像降落傘在空中把你拉起。現在，看著你自己緩緩降落地面。這就叫做抽離。

重複相同的情境，只是這次用你自己的眼睛去看。注意你坐在飛機內，準備跳傘時的手和腳。現在走到了門口，做好準備，然後一躍而下。注意你迅速離開飛機，自由墜落。約莫十秒鐘後，看著你的手拉扯開傘索，並且注意降落傘張開時的體驗。現在，感覺你自己輕輕飄落地面。這就叫做關

聯（associated）。

請注意，兩段經驗的場景相同，你從飛機上跳出。可是這兩個想像的影像相當不同。

我們過的生活，大多屬於關聯狀態。因此，每一件事看起來好像是真的。我們的感覺似乎是真的。我們的信念似乎像是現實。我們所想的，似乎都在那裡。

你一站上另一個位置：抽離，你的體驗便急劇改變。你的想法不同。你的體驗不同。可是第二段體驗比較真實，還是比較不真實？兩者都不是：那不過是另一種體驗。

許多領域中的傑出人物都有個共同特質，就是常用其他的觀點來看事情，尤其是這種抽離的觀點。傑出的美式足球四分衛表示，他們能夠想像自己高高漂浮在整座足球場上方（即使人正在場上踢球），以置身事外的方式看整座球場。

不妨想像，對於那些能夠辦到的人來說，這個觀點會帶來什麼。

麥可·喬丹（Michael Jordan）說他能想像漂浮在籃球場上方，從那個觀點看正在發生的每一件事。或許這能解釋為什麼他似乎知道每個人在哪裡，也想想這種技能會帶給你什麼優勢。

我曾經兩度訪問基金經理人湯姆·貝索。傑克·史華格（Jack Schwager）寫《新金融怪傑》（*The New Market*

---

❺ Jack Schwager, *The New Market Wizards*. New York: New York Institute of Finance, 1989.

Wizards）**❻** 一書時，也訪問過他，稱他為「從容先生」（Mr. Serenity）。貝索告訴我，抽離的能力，是他成功的祕訣之一。下面引用他說的一些話：

> 在我覺得需要改善，或者想要改善我和別人互動的情況中，我會在腦海裡播放重要的事件——想想別人會怎麼處理這種情況……。我總是想像有個湯姆・貝索站在房間一角，看著在這裡和你講話的湯姆・貝索。關於這第二個觀察者，有趣的事是，隨著時間流逝，我發現這個觀察者遠比從前更常出現。它不再只在一天結束時現身。在我受到壓力、開始交易、和許多人進行更多的互動、推動我們的業務起飛、和客戶往來等等，我發現這個觀察者一直在那邊幫助我度過這些時刻。如果我覺得彆扭或者不安，我能看到自己是那個樣子。現在，這個觀察者隨時都在。
> （摘自 *Course Update #9*，1990年12月）

神經語言程式的一個根本前提是，如果有人能做什麼事，其他每個人也能做。由於能夠移動到另一個認知位置，是天才和高手的關鍵面向之一，所以開始做練習是很重要的一件事。

我們可以這麼練習：一天結束時，在你心裡，把這一天重新播放一次，尤其是一整天下來十分重要的關口。從抽離的觀點來做這件事，由你看著自己走過這一天。一旦你完成這個練習，寫下你注意到自己的事情。

如何把這個練習用到你的交易上？當你覺得交易得不好，有個簡單的練習你可以做。只要站起來，走開就好。移動到房間的另一個地方，觀察你自己。注意你在那種狀態中，坐在那裡，看起來是什麼樣子。你用身體在做什麼？你如何抱著自己？你的臉看起來像什麼？你怎麼呼吸？

　　在你觀察過所有那些事情之後，注意現在你的感覺如何。你不再在那個身體裡面。相反地，你是從置身事外的觀點去看自己。所有的感覺和情緒都不見了。如果還在，務必確定你是在看自己。

　　現在問自己一些問題：我需要哪些資源，才能像超級交易人那樣處理這個狀況？我需要信心？我需要勇氣出場？我需要某種觀點嗎？如果我有這些資源，看起來會如何？

　　想像你自己擁有那些新資源之後，置身於相同的情況中。看著你抱滿那些資源，坐在那裡，並且注意，當你把那些資源放到桌上，情況會多麼不同。

　　情況可能相當不同。現在我們發現了這個練習的真正用途。回到前面所說的情況，並且成為你正在想像的人。那像什麼？很可能那個人對相同的情況抱持完全不同的觀點，而且你的表現很有可能落在完全不同的層級。

　　這就是抽離的力量。未來一個星期，一天練習這個技巧至少一次。做得愈多，做起來愈容易。

💡 在你的交易／投資中取得平衡

　　取得平衡，當然是我要給你的十大金句之一。首先我們要談獲利和虧損之間的平衡。如果你能了解這一部分，要了解其他領域中平衡的重要性就比較容易。

　　我們活在凡事都講兩極的世界中：好與壞，上與下，年輕與年老，快樂與悲傷。「贏相對於輸」的兩極，只是這許多例子裡面的一個而已。大部分情況中，我們傾向於用喜歡某一邊，不喜歡另一邊，來評斷兩極。但生命的祕密之一，是兩極都能接受。這是什麼意思？

　　大部分人很難理解這一點，但如果我用獲利和虧損來解釋，也許比較容易理解。如果你不願意既有利潤，又有損失，你不會是成功的交易人。兩者都是交易過程的重要部分。

　　大部分人不了解這個概念。他們希望時時都做對，想要每筆交易都賺錢，可是這種事情不會發生，因為虧損是交易／投資過程的一部分。當你了解這個關係，就能欣然接納虧損，以平常心視之。

　　交易過程的一個自然部分，是有個點，到了那裡，你必須忍痛認賠，軋平某個部位或者交易，以保存你的資本。大部分人有一半或更多的時候會發生那種虧損，你必須接納它們，或者不喜不憂。

如果你不能接納虧損，現在就不會認賠。當你不願意認賠，它通常會變得更大一點。不雨則已，一雨傾盆。這一來，要認賠更加困難——痛苦遠甚於以前。如果第一次就不肯認賠，隨著虧損變大，你更不可能認賠。結果如何？虧損可能愈滾愈大。這個循環通常持續到虧損變得很大，你不得不認賠為止。當經紀商發出追繳保證金通知，通常你非認賠不可。

不過，如果投資人不融資或融券，也許永遠不會接到補繳保證金的通知。他們只會套牢寶貴的資本在價值可能不斷

在你的交易中取得平衡

縮水的投資中。現在可能還有數百萬投資人死抱著 2000 年以來的賠錢投資，因為他們要等市場漲回原來的水準。由此可見，你必須願意接納虧損才行。

整條公式的另一半也很重要，卻同樣叫人迷惑：利得的重要性，再怎麼強調都不為過。太過重視獲利的人，往往太早就獲利了結。為什麼？因為他們擔心，如果不趕快落袋為安，利潤就會溜走。

有人告訴我房地產投資人的一個實例。一群投資人做了一筆房地產買賣之後開始賠錢。但他們沒有趕快認賠出場，而是選擇繼續抱牢價值節節下滑的那筆投資。問到為什麼壞投資不脫手，他們的答覆是：「我們還沒把本錢撈回來？」

同樣這批投資人後來做了另一筆房地產買賣，不久就有利潤。但是抱牢壞投資的這群投資人，看到一點蠅頭小利，竟然很快就賣出。問到為什麼要賣，他們的理由是：「我們另一筆買賣賠錢，所以這一筆務必撈回來。」

平衡的概念很重要，而且適用於你能想到的任何兩極狀況──不只是獲利和虧損。

克服卡住的心靈狀態

當你往交易卓越之類的目標邁進，你可能是靠克服障礙做到的。當你的注意焦點放在你面臨的問題，例如資金不足、資源缺乏，或者知識有限，你可能會感到愧疚、生氣或者挫折。這種心理狀態不能達成什麼。你感覺卡住，進退不得，而且對這種「卡住感」，態度往往不會改變。

這一生，不管無法達成什麼，都是一種卡住狀態。人生之初，有可能你想要得到什麼，卻不幸遭遇某種無法原諒的失敗打擊。與其說問題出在失敗，不如說是遭遇的打擊，強烈到叫人難以忍受。每當你開始往某些方向走，那件事總是在你面前豎起一面心理上的停車標誌。這面心理上的停車標誌，產生的衝擊和原來的痛擊一樣強。當你想要去做某些事情，它會產生內部的衝突，一部分的你想要往前走，一部分的你又想要退卻。來回擺盪，產生一種心靈卡住的狀態。

當人卡住，你可以看到他們的身體在擺盪。一般來說，他們看到兩幅畫面。第一次眨眼，他們看到想要的東西；第二次眨眼，看到心理上的停車標誌。比方說，你可以在銷售專業人員身上看到這件事。銷售員希望把東西賣出去，卻討厭遭人拒絕。她心裡這麼想著：「我辦得到，手上卻缺少有價值的產品」，或者「我的產品很好，偏偏就是沒人理我」。結果通常是卡在拖延不決的狀態中。

交易人也一樣。交易人的一部分說：「退出這筆交易；它已經到了你的出場點，你必須忍痛認賠。」另一部分的你卻說：「抱牢這筆交易，它會止賠為賺，現在不要認賠出場。」結果通常陷入卡住狀態。

我見過幾百個人陷入卡住的狀態之中。特別引人注目的一種狀態，是有個 40 來歲的男人，仍和父母住在一起。他想要搬出去住，卻因為某樣事情而動彈不得，於是繼續依賴父母。我和他見面時，他下定決心說，交易是他可以賺錢逃離目前狀態的一種方式。不過，他卡住了，因為想要賺到夠多的錢而自立門戶，這個念頭造成極其負面的狀態。這一來，他發現自己拿不定主意了。

你卡住了嗎？

每次我們擱置某樣東西、某個夢想或者某個目標，內心就會開始擺盪。我們想要實現夢想或目標，卻也想避開完成任務需要承受的痛苦。結果就只剩內在情感的起伏，在我們自身之外缺少行動，自身之內卻有強烈的動作。

一些簡單的解決方法

當你卡住，愈是用力設法脫身，情況就會變得愈糟。這有點像是掉進流沙中：愈是掙扎，愈快下沉。第一個解決方法是一定要放輕鬆，並且稍微往本能告訴你要走的方向反其道而行。比方說，飛機駕駛員遇到失速下墜的情況，必須輕輕往下墜的方向推進，好讓機翼下面有適當的空氣流過，這時，他便能開始控制飛機。同樣的，當你的車子開始打滑，你必須往打滑的方向轉方向盤，直到控制住車子，即使你的自然反應是做相反地動作。

如果你在邁向優秀交易人這個目標的途中卡住，不妨試著做出和直覺本能相反地事情。如果你必須執行一筆交易，那就以不交易也無妨的態度去處理。你可以試著改善自己的情緒。

第二個解決方法是專注於你想要的東西。當你一心一意只想到所受的限制，就會感受到面對停車標誌或者限制的情緒。當你專注於想要達成的事情，就會開始看到各種可能性和新資源為你開啟。那你要專注於什麼呢？

第三個解決方法，是專注於你想要成為的樣子。如果你

想要成為出色的交易人，那就不要只想出色的交易人擁有什麼或者做什麼；專注於他們現在的狀態。傑出的交易人是什麼樣子？設身處地，換做你是他們，會是什麼樣子？

　　我在一個講座中做了一項練習，請學生走出卡住的狀態，注意他們看起來像什麼。這可以讓人抽離出來，擺脫卡住的狀態。我接著請他們想像一位出色的交易人處於相同的狀況。那位交易人看起來像什麼？他是什麼樣子？然後我請他們進入那位出色交易人的狀態。結果，十之八九他們馬上脫胎換骨。你不妨也試一試。

💡 失敗會激勵你嗎？

　　我看了傑瑞・史托金（Jerry Stocking）的一本好書，書名叫《和上帝同笑》（*Laughing with God*）。❼書內提到如下的兩難情節，我把對話內容稍微改寫得和交易／投資有關。

　　上帝：你是不是希望只贏不輸？

　　交易人：當然。

　　上帝：有贏，一定也有輸。你沒跟我講實話。你說只想贏。有贏也有輸，你才會更常贏。

　　由於有失敗的可能，所以刺激你贏的次數遠比成功的可能性要多。你們整個社會，因為失敗，或者至少因為害怕失去，而欣欣向榮。如果沒有輸的可能，你可能就不會在成功之後歡呼。從市場賺到錢，在你將味同嚼蠟。

　　不妨想想。如果你正在觀賞一場運動比賽，卻有人告訴你最後的比分，那會怎麼樣？你還會看下去嗎？可能不會，因為結果難料，才吸引你的注意。

　　你可以每筆交易都賺錢，但那就沒樂趣可言。你會失去你所愛的不確定性，卻得假裝因為消除它們而高興。

　　最後一句話，有些人可能不懂。但如果這句話是對的

---

❼ Jerry Stocking, *Laughing with God*. Clarkesville, GA: Moose Ear Press, 1998.

呢？艾德 • 賽克達（Ed Seykota）在《新金融怪傑》一書中表示，[8] 人從市場得到所要的東西：刺激、懲罰，以及為自己的情緒找藉口。我見過無數的證據，證明他的觀察是對的。但上帝和人的對談，顯得更加有趣。

上帝：你知道市場會發生什麼事，因為未來是你創造的幻覺。在心靈的層次忽視你知道的事情，可見你有多愛不確定性。你用未來的幻覺，把自己鎖在時間裡面。

為凸顯這段對話的意義，不妨想像你每筆交易百分之百準確。你知道每一支股票的每一個頭部和每一個底部。任何一筆交易，你絕對不會出錯。假設你剛進場，一年賺了 100 億美元。如果那麼容易，你會繼續玩嗎？100 億美元夠了嗎？你會繼續交易嗎？

也許你的回應是：「當然，我會！我要賺到世界上所有的錢。」那會有樂趣可言嗎？我相當懷疑。交易之所以有趣，正因為有賠錢的可能。你現在的處境，是能買任何東西，或者做任何事情，因為你不會有一筆交易賠錢。你還會交易嗎？為什麼會或者為什麼不會？

這節內容的每一個字可能都是捏造的。也許沒什麼是真的，但我希望你覺得是真的（而且把它當真的那樣，採取行

---

[8] Jack Schwager, *The New Market Wizards: Interviews with Top Traders*. New York: New York Institute of Finance, 1989.

動）。只要假裝是真的就好。當你這麼做，你內心會發生什麼事？你對交易有什麼感覺？你會繼續交易嗎？如果會的話，多常交易？如果不會，為什麼不？這告訴了你，自己是什麼樣的人？是因為不確定，而使你繼續玩下去？如果你擁有世界上所有的錢，你會繼續交易嗎？為什麼？你的答案，透露了自己是什麼樣的人？

我鼓勵你做這個練習，並且注意你知道了什麼。如果最後的結果不再那麼不確定，你會做多少交易？你的答案，透露了自己是什麼樣的人？

想一想

許多書宣稱它們的內文「來自上帝」。我不知道這些書是不是真的出自上帝之手，但如果它們給我新的觀念去思考，我會覺得它們很有意思。

如果它能擴展你的信念，去思考來自上帝的某些東西，就算是有人捏造出來的，也不妨想像或許真有其事。這本書給了我許多新觀念，而如果你開放自己，程度大到能做相同的事，你可能發現這些觀念相當能夠拓展你的心靈。

也請注意，這個練習有沒有按到任何按鈕。如果有，問問自己：「那些按鈕背後的信念是什麼？」當你找到信念，請走一遍「信念檢視範式」。如果你真的做了練習，你會發現有個信念正在限制你。現在的關鍵問題是：「信念背後的包袱是什麼？」當你甩開那個包袱，你的整個生活也會改觀。

快樂不必有什麼要求

假設你腰纏萬貫。這個意思是說，如果你今天就停止工作，你的被動收入（passive income）足以讓你以目前的生活風格度過餘生。這一來，你會做什麼事？你會繼續做相同的工作嗎？你會工作，賺更多的被動收入，好改善你的生活風格嗎？假使你這麼做了，而且你的生活風格變得比現在富裕十倍。那麼，你會做什麼事？做更多相同的事。也許你工作是為了饋贈他人，或者捐錢給慈善公益組織？如果你比現在富裕十倍，你會更快樂嗎？你確定嗎？

我們再來看史托金寫的那本《和上帝同笑》。我說過，我不知道上帝是不是插上一腳，共同寫了那本書。但書內的那些句子相當實用且具啟發性，而這對我來說已經足夠。上帝在那本書中說：「如果你不能完全滿足於一無所有，那麼任何事情顯然都不能令你滿足。」

雖然有些人覺得聽起來有點諷刺，但不要忘了前面說過的「有」（having）、「做」（doing）和「當」（being）。大部分人都想擁有優秀的交易人有的東西（金錢和成功）。有人真的願意做優秀的交易人做的事，往正確的方向邁出更大的一步。不過，真正的祕訣在於「當」優秀的交易人。如果你想要樂於、滿足於自己的交易成功，你必須要能先走進那種狀態。因此，上帝說的那些話，非常有道理。如果你不

能樂於一無所有（也就是當個快樂的人），那就很難因為某種「做」或者某種「有」而快樂。

上帝繼續說：「你一旦把全部的心思放在出生時所沒有的任何東西上面，那就表示你認定自己不完全，所以可以用你自身之外的東西來滿足。」後來，祂又說：「我把你放在天堂，你卻不曉得，反而試著把它改善得更好。」這樣的方法是行不通的，理由如同我剛剛說過的。

上帝也說，我們認定的優先順序是退步的。這話聽起來也許無新意，你很容易在別人身上看到，卻不是那麼容易看到自己也有這個毛病。我們把稀有的東西看成寶。人們擁有的某樣東西愈少，它就變得愈珍貴。可是上帝表示，值得擁有的每一樣東西，都已經大量供應。我們需要的每一樣東西，都依照我們需要的比例供給——像是空氣、水、光、日

樂在簡單的事情之中

照和美。我們擁有的最豐富的東西，是不確定性。上一節已經談過它有多重要。如果存在的一切都是確定的，市場一點樂趣都沒有。事實上，大部分人不會再玩。也許我應該用標楷體標示「玩」這個字，因為孩子們是從玩得到樂趣。大人被教導要認真過生活，不能一味玩樂。

孩子們從最簡單的事情得到樂趣：穿過林地、深吸一口新鮮的空氣、和有趣的人在一起、看日落、淋雨嬉戲。大人對所有這些驚奇視若無睹。相反地，我們為了錢、安穩的日子、更好的生活忙碌著。

很久以前，我有個大目標，那就是積攢夠多的錢，還清房屋貸款。我覺得，到那時就不必再工作了。我曉得我還是會工作，不過，不必工作的感覺很好。大約十年前，我開始充分了解前面解釋過的腰纏萬貫的概念。我的被動收入必須高於我的花費，我才會腰纏萬貫。六個月內，我腰纏萬貫了。我還是做相同的事嗎？是的。我覺得有任何不同嗎？不怎麼覺得，除了我為了腰纏萬貫而「當」什麼人這方面改了許多。

《和上帝同笑》一書中，上帝說：「你們建構了目標——擁有最多或者當最好的人——達不到的世界。那些接近目標的人，會很快承認那裡沒有什麼值得達成的。」

有個用來說明這個邏輯的例子值得深思：

你有一輛 25 萬美元的新車，左鄰右舍沒人有這樣的車子。所以，你一定比他們重要。對吧？你一定表現得很好、

成功和重要。可是，你並沒有太多時間開著 25 萬美元的車子出去兜風，因為你不想弄髒它或者傷了它；你只偶爾開它，目的主要是讓別人知道你有多重要。

一天，你決定鑽進車子，開一段長路。你計劃開個 500 哩，去別州玩玩。不過，當你開著那輛昂貴的新車，卻發現自己很緊張，心神不寧。你覺得其他的駕駛人干擾到你。高速行駛令你神經繃緊。旅程中，你發生了一點小意外，車子嚴重撞凹，害你心疼不已。對於這樁意外，你沒有一笑置之，好像撞凹的是你。你的價值是放在別的東西（你的車子）上面。這一來，你變得脆弱不堪。你把自己和你的車子、你的船、你的房子，以及其他各種東西混為一談了。

我們發展出一套價值系統，覺得得靠賣力工作才能獲得某些東西。對於已有的「東西」，我們不知感恩，除非花力氣去取得。費盡千辛萬苦，好不容易把東西賣給氣沖沖的顧客，似乎遠比輕而易舉賣東西給高興的顧客要有價值。前者可以令我們歡欣鼓舞，卻覺得後者不算什麼。所有這些價值，促使我們賣力工作，也令我們焦躁不安。我們超時工作，趕著把事情做好，然後再花時間鬆懈身心，通常是邊喝啤酒或者抽菸邊看電視。單純享受生活哪裡去了？

我們發明了一些東西，一般的孩子絕對不會想要消費或者飲用，我說的東西包括啤酒、葡萄酒、威士忌、咖啡、香菸和雪茄。我們接著發明這些東西的「高級」品味。於是人們花好幾年的工夫學習品評好酒、好咖啡或者好雪茄的味

道。我們一部分的生活喜樂，似乎存在於培養這些東西（一般孩子絕對不會想要消費的東西，因為味道很可怕）的高級品味，而我們消費它們，是為了鬆懈身心。這對你來說，有什麼意義嗎？

我說的也許是對的，但這和好交易有什麼關係？向你提這些觀念，部分理由在於大部分好交易人都能認同我說的。他們接納簡單和生活的喜樂。這是使他們成為好交易人的部分原因。一旦你能學會「當」這些事情，就會發現自己的交易單單因為「當」，就有所改善。

繼續來談快樂來自你「當」（beingness）某種人，而不是來自某些東西或者來自發生的事情這個觀念。就像我們剛剛說的，好交易人接納簡單和生活的喜樂。這是他們成為好交易人的部分原因，而一旦你能學會怎麼「當」，就會發現自己的交易因此有所改善。

大部分人真正想要的是喜樂、愛和自由等心理狀態。要擁有這些狀態，只需要踏進它們就行。它們和你「有」什麼或者「做」什麼無關。但它們和「當」什麼，關係密不可分。要提高生活品質，只需要看看你身邊周遭和樂在其中就行。你覺得好玩嗎？你覺得輕快嗎？你是否在最簡單的事情中感受到更多的樂趣？

《與上帝同笑》一書說，現實就是所有的可能性。這是絕對有可能的。事實上，上帝說：「所有的可能性在一起，無比有趣。一些可能性，稍微有趣。只有一種可能性，倒成

了問題。」生活上，當我們認為自己的可能性受到限制，便會心慌意亂。可是，當我們有了確定性，消除掉可能性，卻也覺得安心。

一天，有人問我一個問題，和市場上利空消息滿天飛有關。大意是：「空頭市場隱約在望、美元貶值，以及其他種種利空消息湊在一起，金融市場會發生什麼事？我覺得有點可怕，很難下定決心做什麼事。」這個人要的是一種可能性，那就是市場上漲。可是一旦人們覺得失去了其他的可能性——例如某人說，市場只會上漲，他們的作為就像失去了某種東西，或者被剝奪了什麼。你到底知道什麼？市場怎能只漲不跌？我們需要來自未知的不確定性。

好交易人和普通交易人有個重大的差別，就是好交易人靠簡單和未知而賺大錢。他們單純只是隨著市場的潮流而走。如果市場告訴他們股價就要漲了，他們會放手買進。

他們可能有 60% 的時候做錯，但這是遊戲的一部分。當市場不再上漲，他們會出場。他們只是靠觀察眼前正在發生的事而這麼做，而且因為跟著潮流走而覺得快活。他們允許自己放手讓利潤愈滾愈大，因為當市場上漲，留在場內沒什麼好怕的。他們也允許自己出場，因為當市場開始下滑，出場不會有事。

我剛說的是純交易。它的本質很簡單，不需要花很多時間。反之，它給你很多時間去玩。它也包含看出所有的可能性，並且置身於當下發生的浪潮之中。如果你一心一意只想

做對、做苦工，或者有錢或利潤可賺，那就沒辦法做到這件事。只有當你的心思純淨，而且跟著身邊發生的事走，才能做到。

試試這些簡單的招術：

1. 放棄只想做對，接納一切可能。你會發現，不去預測市場，享受那不確定，你更能觀察市場正在做什麼。

2. 給你的生活添增新意。找出你的五個習慣，改掉它們。如果你平常穿褲子右腳先穿，改從左腳先穿。如果你平常用右耳接聽電話，改用左手拿起話筒。多花兩個小時吃晚餐，細細品嚐每一口。去渡個浪漫的假期，每天在新的地方以不同方式做愛。

3. 選幾樣你正在做的事（尤其是交易方面），找比較簡單的方法去做它們。比方說，如果你是當日沖銷交易人，不妨在建立部位之後，一天結束時才認賠或者出場。這麼做，就不會整天被綁在市場，而且你可能發現賠少賺多。簡化你的進場技術，然後專注於出場時機。或者，簡化你的進場和出場技術，然後專注於部位規模設定。

4. 一整天除了冥想和外出散步，什麼都不做。

5. 交新朋友，教那個人可以如何過愉快的人生。選個需要這一課的人。

改善交易的心靈維他命

　　給你的心靈吃維他命，對你的獲利也許不會有直接、顯著的效果。不過，這些維他命可以防範災難發生，而且肯定會使你成為更輕巧和更快樂的人，而這樣的人通常會成為比較好的交易人和投資人。

　　幾年前，我許下的新年祝願是做許多心靈功課。我計劃在1月和2月花很多時間冥想。我準備閉關修心一個星期。基本上，這將是修心養性的一年。偏偏天不從人願，從12月到2月，我被迫服用抗生素，對抗一種能夠抵抗抗生素的病菌，病情可能演變成長期性的支氣管炎或者肺炎，因為我一開始掉以輕心，不把它當一回事。這很可怕，情況很慘。我精力

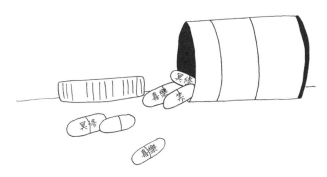

你的心靈維他命

全失，最不想做的事，就是一套性靈練習或者冥思。

我想我得為發生在自己身上的事負起全責。大部分的情況下，我都能解釋自己是怎麼把事情弄成這樣，但那一年的頭幾個月卻做不到。說真的，我怎麼會從本來想做心靈功課，到身心俱疲，我一點也不清楚。

那個時候，我仍然強烈渴望做些什麼事情，給自己的心靈充電——養它、育它。在此同時，要如何做這件事，我一點概念也沒有，直到那個週末，我找到一本書，叫做《心靈維他命》（*Vitamins for the Soul*）。[9] 這本書正是我要的，但更重要的是，它幫助我將豐富心靈的活動分門別類。其中有些活動我很強，但有許多卻落在我完全忽視的領域之中。

專注當下

馬克吐溫曾說：「這一輩子，我曾經害怕許多事情，但大部分從沒發生。」我也是。我注意到自己憂慮許多事情，但大部分不曾發生。不過，我還是會花很多時間擔心它們。可是，最簡單的解決方案，是只看相反地東西：你現在擁有什麼好事？現在要感恩什麼？

你可以做一些有趣的練習。天氣好的時候，只注意此刻叫人驚嘆的事物。找時間到外面走走，真正伸展你的感覺。

---

[9] Sonia Choquette, *Vitamins for the Soul: Daily Doses of Wisdom for Personal Empowerment*. Carlsbad, CA: Hay House, 2005.

低身聞花，吸進花香，好好享受。閉上雙眼，聆聽大自然的聲音。聽鳥叫，聽風聲，聽聽其他動物的聲音。把所有美好的事物都收進來。或者，到一個清幽的地方，飽覽美景。你看到什麼？四處瞧瞧，把所有一切都收進心靈。請注意此刻的美妙。

你想到的每一件事都已成過去。就算你覺得極其痛苦，那種感受其實發生在數毫秒之前。那不是現在發生的事。你想到的每一件事，以及擔心的每一件事都過去了。當你釋出它們，專注於眼前，你會發現一切都是如此美麗與祥和。造成不安和苦惱的，是我們的想法，而我們的想法，是根據自己對過去發生事情的解讀而來。當你了解這一點，我相信你會有很大的突破，真正了解自己是什麼樣的人。

試著做這件事：每天花十五分鐘，享受此刻的美好。去找美的事物，看它、聽它、聞它。注意它有多讓人驚奇，整整十五分鐘去感受它。結束之後，說聲謝謝。請注意這對你的性靈有什麼作用，你的感覺如何，最後則是對你的交易有什麼影響。你會對結果很驚訝！去試就是了。

花點時間笑

《笑退病魔》（*Anatomy of Illness*）⑩一書作者諾曼・卡曾斯（Norman Cousins）相信他用笑療法治好了自己的癌

---

⑩ Norman Cousins, *Anatomy of an Illness*. New York: Norton, 1979.

症。他找到很多很好笑的事情，整天笑著，樂在其中。懷著幽默的心情，對他身體的治療效果似乎很大。不過，你不必等到重病上身，才練習服用心靈的維他命。

我喜歡聽笑話，聽到覺得有趣的事會笑出來，但我不曾刻意把更多的笑聲帶進生活。這是我需要多加練習的。

找一些十分有趣的電影來看。最好再邀些朋友來一起欣賞。看這些電影，只有一個規則：盡情開懷暢笑。如果某些事情只是有點好笑，強迫自己大聲笑出來。這件事做起來沒那麼難，而且有傳染力。此外，把網路上的笑話留存起來。你可能有朋友蒐集了很多網路笑話，樂意寄給你。我至少有四個朋友會一直寄笑話給我，我也會把它們存起來。任何時候，只要我想看，都能從舊檔案找出來，其中有些真的很好笑。要你的朋友開始寄笑話給你（也寄笑話給他們），並把那些笑話收存起來。記住它們，常常說給朋友聽。你會發現，其他人因為你的笑話而笑出來的時候，你也會跟著笑。即使你聽過，或者笑點不叫人意外，也會因為講笑話給別人聽，而感到無比的歡樂。

舉個例子來說好了。大約十年前，和一位朋友吃晚飯的時候，他講了一個笑話，說有個牛仔撒了三個大謊：

1. 我的貨車是買來的。
2. 我在馬術表演贏得這顆帶扣。
3. 我剛幫那隻綿羊跳過籬笆。

內人從海外來不久，還不熟悉美式幽默，聽了這笑話，壓根兒不懂最後一個謊話在說什麼。我們跟她解釋的過程中，整桌人笑得東倒西歪。我甚至不覺得這個笑話有那麼好笑，但我將會永遠記得，因為大家在解釋的時候，內人的反應深深印在我腦海。說笑話給別人聽，能使你的性靈明亮起來。練習做做看。

　　健康的性靈是快樂的，體驗到的是喜樂、歡笑和快活。這不表示你必須蒙起眼睛，不看身邊發生的苦難，而是不要讓那些苦難偷走上帝給我們的許多恩賜。喜樂的相反不見得是哀傷；哀傷是不相信你的性靈或者上帝本質的真正特性。

　　許多大人必須重新學習如何笑，而起步是一絲絲想這麼做的渴望。內人的笑，是最叫人驚訝的事情之一。幾乎每樣東西，她都能笑出來。她講電話，十之八九我都會聽到她爆笑。這是她那麼吸引我的許多理由之一。不過，笑的真正祕密，就是去做就對了。如果某樣東西一點都不好笑，試著笑笑看，即使一開始好像在強迫自己笑。一旦開始，就會變得很好笑。

　　每晚睡前看點好玩的東西。找來一堆漫畫書或者笑話集，放到床頭。當你看到很不好笑的內容，大聲笑出來。你會發現那有感染力，內容就會變得愈來愈好笑。

　　最後，你會發現小孩子遠比大人樂於笑出來。所以說，找時間和孩子混在一起，注意他們覺得什麼好笑。和他們一

起看電影或者卡通。他們笑的時候，跟著笑。

這個星期每天的功課在此：每晚睡前找樣東西來笑。此外，這個月一個星期至少看一部好笑的電影。好好享受，樂在其中。

給上帝

大約九年前，我生命中發生一件令人傷痛欲絕的事；它改變了我很多價值觀。它也使我煩惱很多事，大部分是庸人自擾，而且很多時候是自怨自艾。基本上，我生活中發生的很多改變，大多是我自身內心製造的結果，而且我恨自己的生活變了，也因此擔心不已。

說來諷刺，我曾經自修《奇蹟課程》（*A Course in Miracles*）四年，[11] 知道我們所認為的現實，大多只是幻覺。我了解自己製造的是一種幻覺，而且是我製造的。不過，我還是不斷操心這件事，即使什麼事也沒發生。我的價值觀改了，並且停止做以前常做的一些事，可是，除了製造新的幻覺，什麼事也沒改變。

前面兩段說的，大部分內容你恐怕不懂，但如果我給你解決方法，也就是心靈維他命，也許你就會懂了。我的解決方法是做一只上帝盒。我們把這只盒子放在屋內特別的地方。每當有什麼事情困擾我，我便會這麼做：

---

[11] *A Course in Miracles*. Mill Valley, CA: Foundation for Inner Peace, 1975.

- 首先，我注意到自己花很多時間在幻覺上，而那不是我的心靈糧食。
- 我一注意到這件事對生活產生影響，就拿起一張小紙條，把它寫下來。
- 寫下什麼事情困擾我之後，我把它交給上帝。
- 此外，我跟上帝道謝，因為我知道祂會收下。
- 然後把那張紙放進我的上帝盒，忘掉它。

做這個練習的時候，我注意到一件奇妙的事發生了。曾經占據我心思的一個問題，突然之間不見了。問題如果沒有不見，通常會以某種方式改變，然後我會用相同的方式，把新問題丟給上帝。到目前為止，在我把問題丟出兩次之後，相同的問題不曾再發生。

我可能偶爾想到那個問題，但接著轉念一想：「你剛給了上帝。要把它拿回來嗎？」答案通常是否定的，於是我就自動把它拋到腦後。

《奇蹟課程》中有句有趣的話，大意是：「一切都在上帝的掌控之中，除非你擔憂這件事。你一擔憂，就把控制權從上帝那邊取走，試著透過你本身創造的東西，由自己控制情勢。」或許這可以解釋為什麼上帝盒運作得那麼好。我強烈推薦你服用這帖重要的心靈維他命。效果很好。

練習這麼做一個星期，把叫你煩心的每一件事都寫下來。即使你只覺得有點小生氣，也把它寫在紙上，放進你的

上帝盒，然後忘掉它就對了。

感恩惜福

我推薦一本好書，《性靈的婚姻》（*The Marriage of Spirit*）。[12] 這是一整套課程，可以幫助你點亮自己。課程的一部分是每天寫日記。我研習這套課程的時候，把當天似乎會有的所有問題和情緒起伏波動都寫下來。寫完之後，我練習去除那些起伏波動。

我覺得有意思的是，看看自己到底能在日記本寫下多少心緒的起伏波動。這個練習似乎收到效果，不過，卻也似乎總有東西可寫。這很叫我驚訝，因為那麼多年來，我做過幾百個小時的個人心靈清理工作，自認已經清理得相當乾淨。

記得一句老話，大意是說：「你就是你認為的那種人。」其實，這正是你這一陣子常聽到的「吸引力法則」（law of attraction）。我很贊成做個人清心的工作，因為大部分人的性靈都有很大的創傷，需要治療。不過，我已經清理了就我所知的幾乎全部創傷，卻還繼續寫出一些東西。

後來我突然想到，自己這輩子花很多時間，找東西來清理。想找的話，總能找到一些。於是我改變注意焦點，轉為每天說謝謝。我不再找問題，而是花相同的時間，寫下生活

---

[12] Leslie Temple-Thurston and Brad Leslie, *The Marriage of Spirit: Enlightened Living in Today's World*. Santa Fe, NM: CoreLight, 2000.

中的好事。這些好事常常相同，但那沒關係，因為我仍然感謝有它們。

我發現，寫下好事和說謝謝的過程，整個改變我的注意焦點，不再像以前那樣只顧著尋找自己的問題。我的性靈慢慢澄亮起來。這也是很美妙的維他命。不妨一試。

這是給你的功課：找一本日記，每天寫下你非常感激，覺得有福享受的五樣好事。此外，如果你發現自己擔心任何事情，或者害怕任何事情，把它寫在一張紙上，交給上帝。放進你自己的上帝盒，但記住你必須心甘情願交給上帝，然後放手。如果你給的心不甘情不願，你會發現上帝可是相當樂意讓你留著。《祕密感恩日記》（*The Secret Gratitude Journal*）是做這件事很優秀的一個工具。[13]

跟著你的喜樂走

我第一次自修《奇蹟課程》時，承諾要跟著自己的喜樂走。約瑟夫·坎伯（Joseph Campbell）在那叫人擊節稱賞的《神話》（*The Power of Myth*）系列中指出，[14] 跟著你的喜樂走，基本上就是在走向上帝的路上。我覺得這句話很優秀：做能讓我喜樂的事，我的生活會更好。

1986 年，我決心辭去兼職工作。我原本一個星期有一

---

[13] Rhonda Byrne, *The Secret Gratitude Journal*. New York: Atria Books, 2007.

[14] Joseph Campbell, *The Power of Myth*. New York: Doubleday, 1988.

跟著你的喜樂走

天要做討厭的工作，但這件工作就像安全毯。只要我仍然兼
職，就有醫療給付，而且有機會再次全職工作。

我決定辭去工作，丟掉安全毯。兩個星期後，我前妻意
外失業，大約九個月後才復職。不過，我們那一年沒有借太
多錢，安然度過。

1987 年，我經營的生意愈做愈好，決定請個祕書來幫忙
分擔工作。不過，我前一年沒有賺很多錢，祕書的薪水將吃
掉大部分的獲利。我還是一頭栽進（另一個決心的象徵），
而那一年是我賺到六位數薪水的第一年。我的生意真的從那
時候開始起飛。

每一次做決定都很難。我丟掉安全毯和已知的現狀，闖

進未知。縱使我討厭已知，喜愛就要走進的世界，卻也非常害怕。順便一提，這些都是展現決心的步驟，而且我談過這有多重要。

一路跟著喜樂的所在走，我擺脫了一直以來的幾乎每一樣老習慣，包括我的第一次婚姻。我和前妻合不來，破裂的感情看起來不可能修補。即使我得到更多的喜樂，卻還是很害怕。最後的結果非常奇妙。這是很大的一步，但是跟著你的喜樂走，是很重要的性靈維他命。

你喜歡做什麼事？你可能應該多做一點。你討厭做什麼？可能應該少做一點。當我的事業已經相當成功，我做了筆記，寫下我討厭做的所有事情，以及喜歡做的所有事情。結果怎麼樣？我喜歡做的所有事情，為我的事業賺了最多錢。這些事情和幫助別人、做有創意的事、在講座教課、發展新產品、交易有關。這些都是賺錢的事。

我討厭經營事業日復一日的例行性事務，以及隨之而來的那些細枝末節。雖然這些事情，我還是有做一些，卻決定請遠比我做得好的人來幫忙。現在我全神貫注在自己喜歡做的事情上面。

列出一張清單，寫下你喜歡做和不喜歡做的事。如果你喜歡某樣事情，想想可以如何做更多。如果你不喜歡某樣事情，看看可以如何交給別人去做。你可能發現這個簡單的做法，使你的生活大為不同。

用力去愛

我曾經參加一個自我提升的講座，覺得主持人很有愛心。上課時，大部分時候都由學員提問，他用滿滿的愛，幫助他們放開問題，讓人感覺很優秀，但我注意到，有些人一再提出相同的問題。有個人（或許可以稱他是挨餓中的演員），參加過十場以上的講座，卻還是老提那些芝麻綠豆般的小事，一副一事無成的樣子。不過，這位講座大師還是滿臉堆滿笑容和他交談，溫柔地帶他放開問題。

我剛開始這麼想：「他怎麼有辦法不對那個人一再提出相同的事情動氣？」事實上，我確定他是免費來這個講座當助理的，但這表示他可能在每個講座一再提相同的事情。接著我想：「他對這個人一直沒進步，怎麼一點反應也沒有？」後來他突然向我透露祕密，那就是他愛的是那個人本身。這表示，他不對那個人有沒有變化投入感情。他只愛那個人，而這表示，不管發生什麼事，他都能懷著愛去反應。當我了解這一點，才真的開始懂得什麼叫無條件的愛。

本節談的都是愛，那就是：愛一切本來的面目，不做任何判斷。

我們大部分的決定，都是出於害怕和憂慮。記得曾有不少次，我注意到有場即將舉辦的講座，來報名參加的人很少。我的自然反應是開始擔心起這件事。如果報名的人不再增加呢？要是報名人數不夠多，就不足以支付講師鐘點費，更別提飯店費呢？但如果我們停辦，會怎麼樣呢？我們會在

飯店那裡留下壞名聲，因為它們以後再也不會相信我們是他們的穩定客源了。我們為了這次講座砸下的行銷費用，也將全部泡湯。這樣的對話和憂慮，可以一直講個不停。當我那麼做，那是出於害怕的心理，而這是沒有用的。於是我選擇從愛出發。

從愛出發去做事的一個方法，是宣稱你是什麼樣的人。比方說，你可以這麼宣稱：「我是個有愛心、仁慈、有同情心的人。」把它寫下來。記住它，對自己說，使它成為你的第二天性。這一來，做決定的時候，你會開始這麼說：「一個有愛心、仁慈、有同情心的人在這種情況下會怎麼做？」他肯定不會根據害怕而做決定。他是根據愛和同情做決定。當我那麼說，跳上心頭的第一件事當然是，「我可以如何處理這個情況，好讓每個人都是贏家？我可以多提供什麼，以提高這次講座的參加人數？我可以如何給這個講座增添更多價值，吸引更多人參加？」比起我說「就算我停辦這場講座，我們還是會損失很多錢」，上述反應所得到的回應會大不同。

這是你的下一個功課：確定你是什麼樣的人，並且寫下一句決心聲明，反映你是什麼樣的人。那句話可能像這個樣子：「我是強而有力、慷慨、厚道的領導人！」或者「我是勇敢、有愛心、富同情心的女人。」拿一張紙，寫下你認為適合自己的句子，也記在心裡。在你做決定的時候，讀你的個人聲明，行為舉止就好像那是真的。等到你這麼做了，再

來下決定。這麼做之後，你可能發現生活中的所有層面，結果將大不同。

冥想和聆聽

一天的活動結束時，花點時間去冥想。或者，如果你喜歡的話，也可以一早就冥想──看你覺得何者比較好而定。我相信冥想非常重要。這裡我們只把它看成是心靈維他命。

挺直坐著，腳垂放地面（如果你坐在椅子上）或者盤腿（如果你坐在地上）。緩緩呼吸，注意讓空氣進入肺部，充滿空氣。注意空氣似乎到了哪裡。你可能想要控制這個過程，所以深呼吸，用空氣填滿肺部。或者，也許你希望讓肺部自行呼吸，就像它們一直以來在做的那樣。只要注意發生的事情就好。

在你注意呼吸的同時，減緩或者停止內心的雜音。只注意你的呼吸。多練習，你會愈來愈能注視自己的呼吸。當你發現許多雜音吵個不停，放它們走，收心回頭注視呼吸。

經常冥想，你會注意到幾件事。

- 首先，你會注意到心裡的雜音很多。這很好；把它們從心裡請出去，讓自己靜下來。當思緒閃過心頭，注意它只是意識上的東西。它根本不是你，你只察覺到有思緒閃過心頭。

- 其次，你可能注意到自己昏昏欲睡。如果是這樣，很

注意你的呼吸

好！你需要睡眠，稍微打個盹，恢復活力。

◆ 你終究會注意到你不是腦海中的雜音。相反地，是你察覺有那個雜音。

◆ 最後，你可能注意到自己只是溜進呼吸之間的空檔。

這個空檔會湧現創意、接觸更高層次的意識領域，以及你可能需要傾聽的訊息。只要去聽就好，我建議你每天做大約二十分鐘，整整做一個星期。最低限度，我認為你會發現，當你做一個星期，會開始變得更有創意。冥想的時候，也許不會有創意湧現，但你可能發現它們在其他時候源源不絕而出，而且可能發現它們幫助你成為更好的交易人。

想想生命的本質，你會發現，少了食物，人體至少可活一個月。不喝水，可以活幾天，但是少了空氣，只消幾分鐘就撐不下去。由此可見空氣是生命的絕對必需品，所以為什麼不多呼吸？

大部分古老的冥想技巧都包含呼吸，那是有好理由的。哈里‧葛爾德貝特（Harry Goldbatt）博士發現，[15] 老鼠細胞若是少了氧，很容易長出惡性腫瘤，而正常的細胞不會。運動員遠比其他人吸進更多的氧，致癌率是一般美國人的七分之一。

淋巴腺專家傑克‧席爾茲（Jack Shields）說，[16] 橫隔膜深呼吸是刺激和清理淋巴腺系統最有效的方法，而且真的能夠刺激免疫系統。深呼吸可以加快身體排毒的速率好幾倍。

類似這樣的資訊多不勝數。我要說的是，健康的呼吸足以刺激免疫系統，不只防止疾病上身，也能改進你的表現。建議你這麼練習：每天至少一次，做十下深呼吸。

以這種方式呼吸：用橫隔膜深吸五秒，直到下腹部。停止呼吸二十秒，以氧化血液和激活淋巴腺系統。最後，吐出十秒。

---

[15] Harry Goldblatt and Gladys Caeron. Induced malignancy in cells from rat myocardium subjected to intermittent anerobiosis during long propagation in vitro. *Journal of Experimental Medicine*, 97(4): 525–552.

[16] Clydette Clayton, http://www.articlesbase.com/health-articles/why-deep-breathing-for-fast-back-pain-relief-582458.html.

如果這個練習太費力，不妨縮小秒數，比率依然維持1:4:2。換句話說，停止呼吸的時間是吸氣的四倍。接下來一個月，一天練習兩次，並且注意你的感覺有什麼變化。

如果你下定決心去做，有可能發現自己頭腦更加清楚、更為開放，也更能接受實際發生的事。如果是這樣，即使你略微察覺，也應該會注意到自己的交易有所不同。不過，想要獲得所有這些成果，你就必須依循本書所說的其他一些觀念去做才行。

順便一提，印度人發展出非常廣泛的一組呼吸運動，稱作運氣呼吸（Pranayama和Pranakriya）運動，用來幫助身心。如果你喜歡，不妨抽空研究這些運動，多做一點。

1990年左右，我曾和一位退休工程教授有過接觸。我們一起做了一些清心工作。這件事做完，我教他如何依循內心的指引。接下來十八年，他的內心指引帶他提升許多，後來再和他見面，我則是在他的指導之下做靈修的功課。

不過，最叫我驚嘆的是，他能用一顆純淨的心去看市場，繼續做市場告訴他該做的事。這表示他會買正在上漲的股票，賣出停止上漲的股票。他也會放空正在下跌的股票，並在它停止下跌時買回來。這十八年內，他的帳戶金額增加到可以成為一支很大的避險基金。他所有的錢，都是根據簡單的原則，交易賺來的。千萬別小看心靈維他命的價值。

嚴以律己，達成目標

現在你應該有了一些具體的交易目標。如果沒有，我建議你擬定一些。不過，就算你已有目標，可能還需要一些紀律，幫助你達成目標。現在就來談如何幫助你達成目標。

把一般性的目標細分成具體的步驟

大部分交易目標都很大。因此，我建議你把目標細分成具體的步驟。每次走一小步，比實現龐大的目標容易得多，因為你能想像這一年剩下的時間（或者餘生）要做什麼事。從簡單的事情做起，而且確定你能做到。

下定決心要使你的帳戶今年增加 50%，可以細分成好幾步，如下所述：(1) 找看看有哪些想法能夠幫助你改進交易成績，(2) 測試每個想法，觀察你將從它獲益多少，以及 (3) 遵循交易的優先要務，執行最佳的想法。其實，你的決心可能只是每天遵循交易的優先要務，並且注意這對你有什麼意義。本書一再提到交易的許多優先要務。順便一提，如果你每筆交易冒 1% 的風險，那麼每個星期只要賺 1R，就有 50% 的報酬率。

向自己許諾，並在你的決心中，把承諾的理由包含在內

假設你對自己承諾，每天做心像預演。這是交易的優先

要務之一。你的措辭方式，可能是向自己承諾，每天做心像預演，計劃各種加強紀律的方法。對你來說，經常執行第二個聲明要容易得多。還有你所做的承諾，必須是你想做的，而不是別人希望你去做的。如果我跟你說，你必須每天做心像預演，你有可能不會去做。相形之下，如果你相信這種預演對你的福祉和你的交易十分重要，你去做的可能性會大大提高。

決定你的觸發因素

你可能因為沒有能力做某件事，才下定決心要去做。無力做到，或許是有原因的，也就是某些觸發因素害你不敢去碰。那些觸發因素是什麼？是不是環境觸發因素，例如因為某些人或者某些狀況存在？是不是有些內心的感覺令你敬而遠之？是哪些感覺，以及它們是什麼時候發生的？

一旦你確定是哪些觸發因素，就會做好準備，更能面對它們。我強烈建議你就如何處理這些觸發因素的問題，做很多心像預演。覺醒是實現承諾很重要的一環。

看新目標正向的一面

當我們起而行動，努力實現決心，有時會覺得自己在否定自己。其實，應該看的是你想做的事好的一面。轉而面對正面。比方說，如果你想要停止和系統無關的交易，那請把心思集中在遵循系統和賺錢的快樂上。專注在新行為的喜樂

上，不是只看你想要克服的負面事情。你會發現，往前邁開
步子容易得多。

把你正在做的事，寫進日記裡

我建議的很多事情，和心理覺醒有關。大部分人在努力
實現目標的時候，沒有察覺和它有關的大局勢。不過，當你
留著一本日記，寫下你做到的事和你的想法，你會發現，要
了解內心發生什麼事，遠比從前容易。

寫下你的成就，也是一種獎賞的方式。當你專注在自己
的成就，尤其是如果你照著第一步做，分成幾個小步，往你
的總目標邁進，那些成就，以及正努力前往的地方，會讓你
覺得很優秀。

偶爾認輸沒關係

如果你想做很大的轉變，偶爾難免遭遇挫折。要是你把
挫折視為失敗，當初下的決心就完蛋了。你會責怪自己。相
反地，如果你覺得偶爾挫折無所謂，就能繼續往前走──畢
竟那不過是一次挫折而已。

不要忘了，挫折是學習認識自己的好機會。發生了什
麼事？你在想什麼？把所有這些寫進你的日記本，並且思考
你能從中學到什麼。你可能發現新的觸發因素，然後擬定計
畫，繞過它和其他的觸發因素。無論如何，原諒自己的挫
折，繼續往前走。

挫折往往是準備不足造成的。也許那是因為你對自己的交易，研究得還不夠徹底。也許需要更多的心像預演。也許你能在自己的思考程序發現始料未及的一些東西，現在可以用來做好準備。你還能多做什麼樣的準備，確保自己繼續實現當初所下的決心？

獎賞自己

你需要在這個過程中，盡早肯定已有的成就。剛開始幾天可能最難。因此，當你走過那些日子，達成一部分的目標，記得給自己獎賞。利用獎賞，使這個過程充滿樂趣。

💡 消除心裡的包袱

我們談過「信念檢視範式」和包袱（收藏在內心的感覺）如何使你繼續留著那些束手縛腳的信念，因為包袱會釋出信念能量。現在該甩掉一些包袱了。假設你做過信念練習至少一百遍，並且列出許多信念所背負的常見包袱：

- ◆ 害怕
- ◆ 生氣
- ◆ 拒絕
- ◆ 愧疚
- ◆ 孤單
- ◆ 不確定
- ◆ 失去控制
- ◆ 放棄

這張清單有什麼用？

我們先來看看為什麼把感覺存在體內。我們會判斷一種感覺是好或壞，我們願意去感覺好的感覺，卻不願意去感覺壞的感覺。這可能受到父母的影響。他們可能說過類似這樣的話：「像你這麼大的男孩不應該害怕」，以及「如果你再那樣做（表現生氣），我會真的讓你生氣」。

結果，我們總是試著壓抑負面的感覺。比方說，動作片

中的英雄總是不動感情。英雄就是會把情緒埋在心底，繼續過日子，而你可能學會讚許這樣的人。

現在來看看把你不願意感受的一種情緒埋在心底，可能發生什麼事。比方說，假設你喜歡上一個人，想和他或她認識。這個人對你沒什麼不好的感覺，不巧這天他或她諸事不順，所以他或她的反應是「滾開！我沒興趣。」

遭人拒絕的感覺很難過。你不喜歡這種感覺，於是把它埋藏心底（你不願意去感受它）。你可能這麼低咕：「其實我也不想和他或她約會。」

你把遭到排拒的感覺隱藏在體內，而且你可能創造了一部分的你，不想再次感受拒絕。這一部分的你，負責的工作就是永遠不要再感受遭到拒絕。

一個星期後，你見到另一個叫你心動的人。你走近那個人，突然之間，那部分的你說：「不要忘了上個星期發生的事。」它釋出了一點儲存起來的拒絕。那個人什麼事也沒做，你卻已經感覺遭到拒絕。不過，你還是去接近他或她，而那部分的你繼續發出警告，也釋出更多儲存中的拒絕。

一個可能的結果是你放棄接近那個人，因為你感覺被拒絕的可能性很高，不想冒險一試。但是，不要忘了，第二個人根本沒見過你或者對你有所反應。你只是對可能發生的事有所反應罷了。

第二個可能性是，你懷著被拒絕的心情去找那個人，說出類似這樣的話：「你不會想跟我出去吧，會嗎？」這樣的

拋開負面情緒

方法，保證十之八九會遭到拒絕。果然被你料中了。現在，拒絕成了你經驗中永遠的一部分，除非你做了「將感覺釋出的動作」。

就我所知，三種情緒釋出練習，很適合你現在就去做：

◆ 歡迎那個感覺

◆ 放開它就是了

◆ 公園椅練習

找一個你想要拋開卻拋不開的信念。假設那個信念包含某種拒絕，它背負著拒絕的包袱。想想那個信念，然後放開它。當你注意到拒絕出現，歡迎它。張開你的雙手，歡迎你擁有的感覺就對了。我個人發現這個練習相當強有力。你要讓感覺從你身上穿過，不是存在體內。

第二個練習就是在感覺出現的時候放開它。只要去感受

它和放它走便是了，就那麼簡單。

其實，唯一的困難，是當你抗拒它的時候。抗拒會放大你的感受，然後你就必須處理那個抗拒。如果那個感受像是五級颶風，那就表示你得非常用力去抗拒它。請注意你正在抗拒它；然後，歡迎它，讓那個抗拒走開。一旦你做到，放開感覺應該相當容易。

我強烈建議你修習塞多納術課程（Sedona Method Course），[17] 包含二十張練習放開感覺的光碟，除了上面所說的方法，還有更多。

當你正在抗拒的一種感覺占據你的生活，我主張利用第三種方法——公園椅技巧。假設你摯愛的人去世，你悲不自勝。再假設你一天有十五個小時，為失去摯愛的人傷痛欲絕。如果發生這種事，我建議你利用公園椅技巧，積極去感受那種感覺。既然你一天有十五個小時沉浸在悲傷之中，何不每天用一個小時，真正感受那種感覺？

找一個中性的地點，例如公園椅。坐下來，盡你所能，強烈感受那種感覺一個小時。你可能發現，也許做了二十分鐘之後，便覺得無聊，傷心開始消散。但你必須做滿一個小時。第一天之後，你可能就會發現不再那麼在意這件事了。

隔天，你得花 45 分鐘，坐在公園椅上想那種感覺。可能

---

[17] Hale Dwoskin, *The Sedona Method: Your Key to Lasting Happiness, Success, Peace, and Emotional Well-Being*. Sedona, AZ: Sedona Press, 2003.

15分鐘後感到無聊，但你必須做滿整整45分鐘。

隔天，時間再縮短到 30 分鐘，然後 20 分鐘，接著是 10 分鐘，再下來只剩 5 分鐘。很快的，那件事似乎就會立刻離開，你再也不會整天想著它。為什麼會這樣？因為你願意積極感受它。

現在，注意你想改變但卻背負著包袱的各種信念。請針對那些信念背後的包袱，練習剛才建議的一種或多種感覺釋放技巧。你很快就會丟開包袱，離開那些沒用的信念，改採更有用的信念。

如何知道修養工夫已經足夠？

　　依我的經驗，沒人能夠完全解決個人問題。自我修練是終生的工作，而當你通過某個領域，另一個領域通常會出現。如果你沒有解決或甚至認清自取其敗的問題，你處理的第一個問題會對你產生很大的影響。當你走過第一個大問題，知道它已經結束，感覺會十分美好。你曉得自己已經完成某樣重大的事情，也許那是你下苦功努力了很久的事。

　　我相信，一旦你做過五大領域的修練，大致來說，你這個人已經變了。此外，我深信你會繼續自我修練，而且能夠處理往目標邁進途中，橫梗路上的其他任何障礙。

　　以下列舉一些例子，看看別人在妥善處理大問題過是怎麼說的。

　　例一（好答案）：我注意到，每當我覺得壓力很大，和宇宙失去和諧，那就表示我的行為舉止是出於害怕。那種害怕可能和被喜歡、感覺活得沒價值，或者害怕犯錯有關。但那種害怕和什麼有關並不重要。在害怕的情況下做決定，它會和宇宙秩序失去和諧，而在愛的情況下做決定，則能增進那種和諧。我需要注意做決定的時候，身體的感覺方式。如果我的身體反映出緊張、生氣或者憤怒的感覺，那就表示我的行為是出於害怕。如果我的身體反映放鬆、幸福或者和諧的感覺，那麼我的行為是出於愛。我正試著在做出決定之

前，多注意這件事。

有個更好的例子。

例二（很好的答案）：我正在改進不安全感、害怕失敗，以及害怕失去。我相信它們互有關聯，合起來稱作不安全感。對我來說，這是發現不安全感存在和努力改進的困難問題，但由於我努力研究它和其他的問題，現在處理起來比較容易了。

我用過各式各樣的方法去面對缺乏安全感的問題，其中之一是回顧我這一生，看看那種不安全感是從哪裡來的；我的童年不是在困苦中度過，也不曾沒人疼愛。不過，我還是能夠想起多年來不安全感在各式各樣的場合影響我的行為。在我沒有處埋好的一些情況中，我在心裡追索自己是怎麼想的，以及有什麼感覺，以分析自己的情緒狀態。我用許多不同的方式，在心裡重演那些情況，好讓自己知道它們可以如何處理得更好，以及為什麼我的不安全感既站不住腳，也構成障礙。

我曾經是十分成功的專業人士。我想，我的不安全感有一部分推促我去追求世俗的成功，而且影響我在人生中接受重大的新挑戰。害怕失敗或者害怕失去，激勵我在客戶等第三人需要我和期待我有傑出表現的情況中，交出好成績。但是這也使我拒絕承認情況已經變糟，行動需要改變。我必須學習告訴自己：失去（或者未能得到）某樣東西，或者壯士斷腕，繼續往前走是沒關係的。

我相信這些不安全感的問題，和自尊的問題綁在一起，所以我在自尊這個問題下更大的工夫。這麼做，讓我感覺到遠比從前更能處理不安全的問題。之所以如此，是因為我發現，如能認清和承認有自尊上的問題，就算它們不好著手，也還好處理。我這一生，以及對自己的想法，有過幾次轉變期。我發現那樣的過程很難度過，卻是可以處理的。對我來說，這需要走出自己，試著用別人可能看我的方式去看自己。這也需要從正確的角度，去觀察自己的反應是出於不安全感的任何狀況。

　　一個人能用這種方式，解釋他或她處理過的五大問題，我就知道那個人能夠處理任何事情。

　　下面兩個答案是難以令人接受的例子，我覺得反映了他們的自覺相當淺薄。

　　難以接受的例子之一：我的婚姻出了大問題。配偶和我已經分居，後來又決定破鏡重圓，但結果無法令我滿意。因此，我找了一位諮商師，也說服內人開始接受諮商。

　　諮商師喜歡我們，我配偶也喜歡他，所以我們似乎建立起穩定的諮商關係。不過，我根本不覺得婚姻有所改善，也不認為諮商會有什麼幫助。不過，我信任這個過程，因為諮商師很有經驗，也因為我想不出其他還有什麼辦法。

　　我對這個答案的回應：這段婚姻哪裡出了錯？和哪些問題有關？它們如何反映你內心的情況？這些問題的答案，可能是你正努力改善的幾個領域中可接受的回應方式。

難以接受的例子之二：一切要靠保健和節食，你吃進體內的物質品質，等於你輸出的能量、決定和行動的品質。當我花時間適當養生，注意力提高許多。點子源源不絕湧出，創意得來容易。

我對這個答案的回應：這是一句信念聲明，反映的內心覺醒微乎其微。如果節食做起來很吃力（也就是，當你不能吃什麼，感覺被剝奪，或者類似的感覺），那麼這可能是你需要力求改進的領域。

但願你能看出其間的差別。現在問問自己：「我生活上的五大問題是什麼？我是如何產生那些問題的，以及我要如何才能使它們不再是問題？」當你能在轉型之後回答這個問題，往前邁開步伐才是安全的。否則，請繼續修練。

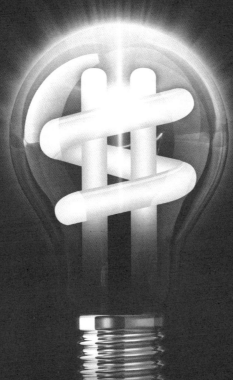

Part 2

發展一套經營計畫：
在市場上成功的工作指南

Developing a Business Plan:
Your Working Guide to Success in the Markets

💡 擬定你的交易／投資計畫

　　有人給你市場上的小道消息或者某種想法，你會怎麼做？興高采烈，蠢蠢欲動？感到懷疑，突然間不信任給你小道消息的那個人？也許視消息來源而定，有時你可能據此行動，有時則半信半疑。

　　一個更好的做法，是注意那個小道消息和你的交易經營計畫是不是可以搭配。如果搭配，再根據你在計畫中所用的

擬定交易計畫

標準進行更多的評估。如果不搭配，就可置之不理，說「那個東西我不太懂」就行了。

對於「熱門小道消息」，唯一正確的回應，是將它納入你的交易經營計畫，看看是否搭配，如果搭配，而你也做了更多的評估證實可行，那表示這個小道消息還不錯。這才是適當的回應方式。

一聽自稱飽學權威之士的推薦，就趕著去買日本股票的指數股票型證券投資信託基金（exchange-traded fund；ETF），這種反應方式並不適當。

這些外來的建議，可用來測試你的計畫。你是不是有個計畫，幫助你面對剛聽到的「穩賺不賠」的小道消息？如果沒有，也許該寫一份了。這表示，你需要發展一套周詳的經營計畫，引導你交易。針對你的交易或者投資，做一切該做的事，發展一套周詳的經營計畫就是第一步。

以下略述需要納入經營計畫的要素。這份概要是給自行交易或者投資的個人參考的；投入交易專業的人，需要做的遠比這些細膩。

---

1. 你的使命聲明是什麼？你投入交易，背後的真正動機是什麼？

2. 你的目標和目的是什麼？除非你知道 B 在哪裡，否則不可能從 A 輕易走到 B。

3. 你的交易和市場信念是什麼？你不能交易市場，只能交

易你對市場的信念。因此，務必知道那些信念是什麼。

4. 影響全球市場的大局勢是什麼，你是不是訂有明確的交易計畫，符合那個大局的發展？

5. 你的戰術性交易策略是什麼？它的期望值（expectancy）是多少？你是用什麼型態（setups）進場？你的進場時機訊號是什麼？你在最糟情況下的損失會是多少，是怎麼決定的？你如何獲利了結？那套方法的期望值是多少？我們將在本書第三部討論這個主題。

6. 你的部位規模設定（你所用的方法中，在交易過程告訴你「多少」的那一部分）計畫是什麼？我們將在本書第四部談這個主題。

7. 你典型的心理挑戰是什麼，以及遵循這個計畫常見的問題是什麼？處理這些問題的心理管理計畫又是什麼？

8. 你日常的作業程序是什麼？

9. 你有哪些教育計畫？你計劃如何不斷自我提升？

10. 你的災難應變計畫是什麼？什麼事可能出差錯，以及你要如何處理每一項變數？

11. 你計畫中的收入，以及費用預算是多少？切合實際嗎？

12. 其他哪些系統對你很重要，以及你要如何為它們做好計畫？這方面的例子包括：保持資料準確、向客戶或家人解釋成果、做研究，以及追蹤你的交易和會計資料。這些都很重要。

13. 你和經營系統的關係如何：只需要告訴你怎麼做就行？你就是系統，力求完美？你發展系統，好讓別人能進行交易？還是你拿錢出來投資於系統？
14. 你如何防止犯錯？如果發生錯誤，又如何避免重蹈覆轍？這是本書第五部的主題。

　　擁有這樣一份計畫十分重要，我把它列為交易人的最高要求之一，也許現在你該擬定一份這樣的計畫了。

　　你的交易可能有具體明確的目標。如果沒有，我建議你訂定一些目標。本書第一部肯定給了你一些觀念。一旦你有了目標，可能需要一些紀律，幫助你去達成。你是交易人，需要一份使命聲明，構成那個紀律的核心。

　　我曾經花幾天的時間，針對如何讓我的公司更上層樓，進行創意腦力激盪。這個過程有個部分是決定我的使命聲明。我一直知道我們的使命是什麼，卻不曾將它寫在紙上。我也不曾針對那個使命，想過擴張的問題。這是極為重要的程序，投入交易的你一定要做。它也和前面說過的那個大觀念吻合，也就是你必須了解你是什麼樣的人，以及想成為什麼樣的人，這樣才能發展一個事業，因為你的事業將從你想成為什麼人這樣的聲明發展出來的。

　　在這個腦力激盪的過程中，我學到一種技巧，對經營任何成功的事業都管用。仔細想想，這個技巧顯然也適用於交易。技巧的第一部分，是為你的交易事業，編寫一份使命聲明。舉幾個例子，說明這份聲明能為你做什麼事：

◆ 經營一家十分成功的資金管理公司，幫助別人富有。

◆ 建立一支對沖基金，至少管理 2.5 億美元。

◆ 五年內產生無限的財富流（擁有夠多的被動收入，足以

支應我的支出）。

◆ 做為我的財富和個人的成長管道。

◆ 捐錢設立慈善基金。

◆ 幫助其他交易人自我轉型而成長。

其次，你需要評估新計畫和使命聲明之間的關係。當你有份使命聲明，就能不斷根據聲明，評估新計畫（或者新系統），方法就是問這樣的問題：「這項計畫的目標，是不是攸關本公司的使命？」人們老是要求我做這項計畫或者那項計畫。比方說，有位交易人，學的是音響工程，他跟我說，他進城時，我們就可以開始為交易人發展特定的冥想方法。雖然他的想法很優秀，但在我近期內需要做、攸關使命的任務清單上，卻排在很後面的位置。因此，這件事沒了下文。但少了這樣的程序，我的大部分時間可能浪擲在無關緊要的工作上，而有助公司達成目標的重要事情卻反而沒做到。

大部分交易人把他們的交易事業視為嗜好；換句話說，他們沒有認真看待它。比方說，有些人不斷在尋找新系統或者更好的系統，其他人則隨興交易。還有人替幾位親朋好友管理資金，卻沒深思後果會如何。這類目標，需要從你的交易使命聲明加以評估，看看它們是否適合。

假設你的交易事業的使命聲明是：五年內為自己產生無限的財富流。基本上，無限的財富是指就算你不再工作，包括不再經營你的交易事業，還是有足夠的被動收入（也就是

你的錢能幫你賺錢），以維持目前的生活風格。你可以透過兩種方式做到。第一，累積足夠的資金，投資於國庫券或者其他某種被動式投資（我建議選一檔不錯的對沖基金勝過國庫券，因為報酬率高得多），那就可以創造無限的財富。第二，你可以把交易系統自動化，請另一個人來為你執行交易或者操盤。

來看看以下我們提出的一些目標，跟這份使命聲明是否搭配。

試用這套新系統，看看它是不是運作得比較好

如果你已有一套系統，能夠幫助你達成目標，那麼試新系統可能只是在浪費你的時間。比方說，我知道有人的系統能夠輕而易舉每年淨賺 100% 或更高的報酬率，但一看到新系統就改用新的，其實沒有必要。不過，如果你缺少能夠達成目標的系統，那就需要評估現有系統和新系統的 R 倍數、期望值、機會，以及相關的概念，看看新系統是否合乎你的需要。

比方說，你假設自己每筆交易將冒 1% 的風險，每個月只要獲利約 8R（不要忘了 R 是指你每筆交易的風險），一年就能賺到 100%。仔細想想，大部分情況中，別人的新系統對你沒幫助，因為那個人沒有評估過那些因素。通常你的想法只要稍微改變，就會有可觀的報酬率。因此，就這個使命聲明來說，尋找和研究新系統可能只是浪費時間而已。

我想要隨興交易，因為我自認表現將優於機械式系統

如果你的計畫是累積一定數量的金錢，然後投資於各式各樣的被動收入，以產生無限的財富，那麼這個目標可能吻合無限財富的使命。但是，如果你計畫透過本身的交易，產生無限的財富，那麼它並不符合目標，因為你會一直被交易綁住：如果你要隨興交易（discretionary trades），就得一直工作。就第二種情況來說，你應該放棄隨興交易的念頭。

我將為幾位親朋好友管理資金

對你的使命來說，這可能是叫人分心的目標，也有可能是達成目的的手段，取決於你如何看待管理資金這件事。比方說，你要免費做這件事，還是收費？如果你計劃收費，也許能夠幫助你達成金錢目標。不過，你已經做好準備，能夠面對把錢託付給你的那些人的心理反應嗎？你是不是已有一套記帳作業程序？你為了處理帳務和客戶問題投入了心力，值得嗎？你能專心交易，不會分心嗎？

如果上述任一問題，答案為否，那麼這就不是攸關使命的目標，應該當下就拋到腦後。

如果這項計畫攸關使命，那麼你需要投入人力和資金在上面。假設你的想法攸關使命的達成，再假設你的使命是設立對沖基金，目標為至少管理 2.5 億美元的資金，而且有些朋友請你管理他們的錢。要吸引大量的資金供你管理運用，你創造的報酬率必須高於平均水準，而且所冒的風險要很低。

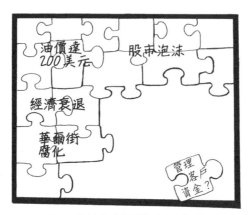

每一小片如何嵌進大局中？

比方說，能夠幫助你達成這個使命的系統，每年能賺 15% 到 25%，一年最多只有一、兩個月虧損。如果你已經有那樣的系統，接受客戶委託運用資金可能是有用的。如果你沒有這樣的系統，客戶的資金也許會讓你嚴重分心。

　　假設你已有這樣的系統，並且決定代客交易。接下來則是決定你在接受客戶資金之前，需要分配的人力和資本資源。其他還有什麼事也需要準備好，才能接受客戶的資金呢？首先，你必須準備好會計系統。如果沒有的話，你需要 (1) 找人幫你處理帳務，以及 (2) 設立一套系統，向客戶報告。這等於分配人力或者資本資源投入你的目標。

　　其次，你需要準備好客戶（包括新客戶）詢問系統。要如何向客戶行銷？對於要求索取個人帳戶資訊或者交易資訊

的客戶，如何處理？同樣的，由於你判斷接受客戶的資金攸關使命的達成，所以需要分配人力和資本資源，以設置這些系統。

接著，你需要為這項計畫建立時程表。如果你判斷這項計畫攸關使命的達成，也已經分配資源投入其中，那麼你必須設定這項計畫的完成時程表。少了時程表，這項計畫可能永遠做不完。

最後，這項計畫需要有個回饋和監控程序。這個程序將使你走在正軌上，防止你浪擲資源。當你分配資源於攸關交易事業使命的計畫上，一定要設法監控它的進度。你如何知道資源運用妥當？又如何知道進度令人滿意？如果有別人參與，你如何知道那個人的表現不錯？你的交易事業要完成使命，這些是非做不可的要務。

你的目標是什麼？

你沒辦法輕而易舉從 A 走到 B，除非你知道 B 的位置。大部分人對於目標，沒有想太多：他們想要什麼樣的報酬率，或者願意接受什麼樣的賠損（drawdowns）。但是，不知道這些事情，你沒辦法發展任何類型的交易系統，至少不是交易起來讓人快樂的系統。比方說，你可能決定至少賺20%、最高賠損不超過 10%。這是合理的目標，卻和想要盡可能賺最多錢，不理會賠損是多少的目標截然不同。這兩個目標將需要完全不同的部位規模設定方法才能各自實現。

以下舉例說明你可以有多少可能的目標。

第一，你可能希望把達成特定目標的機率極大化。這個特定目標，可能從有賺就好，到報酬率達到 1,000% 或更高都有可能。

第二，你可能希望確保賠損不超過帳戶最高淨值的某一比率。那個賠損比率可能從2% 到100% 都有。

第三，你可能希望把年初帳戶初始淨值損失某一百分率的機率降到最低。比方說，你可能願意接受範圍很大的最高到最低賠損，卻希望初始淨值損失超過某一幅度的機率減到最低。那個幅度可能從1% 到75% 不等。

第四，你可能希望年底的淨值盡可能提高，並把達成那個目標的機率提升到最高。

第五，你可能希望讓達成目標的機率極大化，以及將遭遇最糟賠損的機率降至最低。

如果你知道可以將各種不同的數字放進目標，便能很容易理解為什麼每一位交易人／投資人會有不同的目標了。事實上，很可能有多少交易人，就有多少目標。

你的目標呢？決定你的目標，這件事占成功發展交易系統的 50% 左右。發展系統卻無目標，是瘋狂的行為，但偏偏許多人都這麼做。

進場交易時，你可能認為自己交易的是市場。但是，你交易的不是市場，而是你對市場持有的信念。

當我說，「我們只是交易對於市場的信念」，這是什麼意思？

來聽聽一些句子，看看你相信什麼：

◆ 市場是危險的投資地方。（你說得對）
◆ 市場是安全的投資地方。（你說得對）

市場是個危險的地方！

- 華爾街控制了市場,小戶很難有作為。(你說得對)
- 你能在市場輕易賺到錢。(你說得對)
- 很難在市場賺到錢。(如果你真的相信,你說得對)
- 你需要很多資訊,交易才可望獲利。(你說得對)

注意到這些句子的共同主調嗎?每一個信念,不管你答是或否,你都是對的。如果你不相信任何句子,那麼你要相信什麼?這一點,你說得也對!不過,並沒有真正正確或者錯誤的答案。有些人會有相同的信念,並且同意你的看法,其他人則不然。因此,不管你對市場持有的信念是什麼,它們都會引導你的想法和你的後續行動。

我們來談一個概念:追隨趨勢(trend following)。要當一個不錯的趨勢追隨者(trend follower),你必須先找到形成趨勢的某樣東西。一旦找到,你必須跳進趨勢之中,也許是在走勢拉回之後才進去。請注意,關於追隨趨勢,我寫了兩句話。這兩句話,都是信念;它們不見得真確。它們只是我為自己整理現實狀況所用的方式。許多人(亦即其他的趨勢追隨者)對現實狀況可能也有相同的看法,但仍是基於兩個信念。

你可能懷抱其他的信念,以致很難當個趨勢追隨者:

- 股價剛創新高,我怎麼有可能買寫下天價紀錄的股票?
- 追隨趨勢對某些人有用,但當我在新高點進場,市場有可能剛好反轉下跌。

- 每當我進場，總是向華爾街發出訊號，去做和我剛做的相反事情。
- 動能型交易法不管用，你必須買的是價值。
- 股市發展趨勢不是一路順遂，時起時伏，波動很大。

　　請注意，這些都是信念。不過，如果你相信這些事情中的任何一個，怎麼有可能是*趨勢追隨者*？信念如何形塑你的交易行為，你開始看出來了嗎？

　　再來看另一個管用的方法：價值型交易法（value trading）。要當價值型交易人（value trader），你可能必須抱持下列一或多個信念：

- 當我買進價值低估的股票，只要保持耐性，它們會漲回公平價值（fair value），到時就能賺錢。
- 當我買進價值低估的股票，它們最後會漲到價值高估的水準，到時我就該賣出。
- 當……，表示某支股票的價值低估。
- 當……，表示某支股票的價值高估。

　　成功的價值型投資人不少，但如果你相信股價一定會快速往對你有利的方向走，讓你從中獲利，那麼你不可能是價值型交易人。如果你買進價值低估的股票，可能需要很久的時間才能獲利，但你也許希望每天都賺錢。

　　這裡引導你探討自己對市場抱持的信念，目的是要告訴

你，交易時受哪些重大的因素影響。把你對市場的信念，以及你應該如何交易的信念寫下來。在你寫下兩百條或者更多信念之前，這個練習不算完成。如果你覺得做起來很難，不妨看看走勢圖，並且預測接下來會發生什麼事。

你的信念可能落入下列幾類：

◆ 我對市場抱持的信念是什麼？
◆ 我對交易抱持的信念是什麼？
◆ 我相信行得通的交易概念是什麼？
◆ 哪些風險管理原則是行得通的？
◆ 一流的交易人是怎麼交易的？
◆ 有哪些一流的交易人，以及他們相信哪些事情正是我相信的？
◆ 在市場中賺錢的祕訣是什麼？
◆ 我對最近讀到的談交易的哪些文章，覺得深有同感？
◆ 當我試著從走勢圖預測一支股票會怎麼走，腦海裡浮現哪些概念？

我把自己的信念清單開出來讓你參考。幾乎每一類都有一個信念：

1. 我相信我們處於長期的空頭市場，市場價值，亦即價格對盈餘比或者本益比（price/earnings ratios；P/E ratios）會跌到個位數。

2. 我相信，每次進場交易，你必須知道到了哪一點，你願意說「這筆交易，我做錯了」，然後出場。這是你的停損點。

3. 我喜歡交易效率很高的股票（也就是沒什麼波動就上漲）。

4. 有時有許多高效率的股票可挑，有時卻找不到一支。

5. 當你做停損動作，結束一筆交易，虧損一定不能超過那筆交易淨值的 1%（如果你能做到）。

6. 一流的交易人懂得找一個適合他們的利基（niche）進場交易，然後成為那個利基的專家。

7. 賺錢的祕訣之一，是訂定經過深思熟慮的目標，然後了解你是用部位規模設定去達成那些目標。

8. 最近我讀了哪些和交易有關的文章，深得我心？我只注意到巴菲特說的：「分散投資是思考的替代品。」

　　上述每一條信念都適合我，但也許不完全適合你；但我相信，如果你忽視其中一些信念（例如第 2、第 5、第 6 和第 7），身為交易人／投資人，你會過得很辛苦。不過，那是另一個故事了。總之，你現在要做的事，是在每個類別寫下 10 到 15 條信念。

　　完成這個練習之後，請仔細思考每一條信念，然後走一遍信念檢視範式：

◆ 誰給了這個信念，它從哪裡來？

- 由於這個信念，我做了什麼事？至少列出五件事。
- 由於這個信念，我沒做什麼事？至少列出五件事。
- 這個信念有用嗎？或者還有更有用的信念？
- 這個信念是不是限制住我？
- 我可以如何改變它，以減低它的束縛？
- 如果我不能改變它，這個信念背後是不是有什麼包袱？
- 如果合適的話，問這樣的問題：「我如何定義那個信念」，以及「我怎麼知道的？」

我的頂尖交易人建模工作告訴我，如果你想要有好表現，那就必須有個和你搭配的交易系統。把你的信念寫下來，可以往建立那個交易系統邁進一大步。

🔍 了解大局

我擔任交易教練已超過二十五年，在這段期間，我看過許多投資「趨勢」。我見過商品榮景、外匯榮景、股票榮景、當日沖銷交易榮景，甚至經歷過一次全面災難期，那時唯一「欣欣向榮」的事情可能就是放空了。因此，我覺得了解大局很重要。這個大局勢會告訴你正在發生的事，而且至少讓你知道，你正在做的事可能突然之間結束。事實上，通常在你最興奮的時候，一切就結束了。

我希望當泡沫破滅時，我的客戶都能安然度過，不致成為這些趨勢下的受害者。因此，在拙著《交易‧創造自己的聖盃》第二版第6章中，我列舉出影響大局的六大因素：

1. **因素一：美國的債務情況**。美國政府的「官方」債務利息，現在和這個國家一年的赤字水準相同。債務狀況比我們所能想像的嚴重，你必須問自己一些嚴肅的問題。你知道聖路易聯邦準備銀行發表過一份研究報告，說美國已經破產嗎？❶

2. **因素二：長期空頭市場**。❷ 美國自有股票市場以來，就

---

❶ research.stlouisfed.org/publications/review/06/07/Kotlikoff.pdf.

❷ Michael Alexander, Stock Cycles: *Why Stocks Won't Beat Money Markets over the Next Twenty Years*. Lincoln, NE: iUniverse, 2000.

了解大局

有長期週期（持續 15 到 20 年）。這不是指股價週期，而是股價的本益比週期。始於 2000 年的空頭週期，可能持續到 2020 年。同樣的，這裡有一些嚴肅的問題，身為交易人／投資人的你需要熟悉。

3. **因素三：經濟全球化。** 當今全球成長最快的經濟體是中國，印度也同樣快步向前邁進。中國用掉數量龐大的原料，這對全球有重大的經濟影響。關於這個因素，你身為交易人／投資人，需要問自己一些重要的問題。2008 年經濟崩垮的時候，一切也告崩垮。

4. **因素四：共同基金的衝擊。** 要了解未來事件對美國經濟的潛在衝擊，了解共同基金扮演的角色，以及共同基金經理人的想法至為重要。共同基金當然沒有遵循《交

易‧創造自己的聖盃》一書所說的任何交易原則，而且你需要思考這件事的衝擊，以及將來會發生的一些事情。1982 年，當長期大多頭市場展開，共同基金只有少數幾檔。2000 年結束時，共同基金比上市股票還多。我預測，極少基金能夠挺過這次的長期空頭市場，因為它們的投資哲學是百分之百投資。因此，當新的長期多頭市場展開，共同基金的數目勢必很少。或許這一次它們會獲准持有現金。

5. **因素五：法令規定和政策的改變。** 有時，為了「保護」投資人，政府調整法令規定，當日沖銷交易等一些交易趨勢應聲戛然而止。

6. **因素六：凡人傾向於玩賠錢的經濟遊戲。** 如果你真的了解這個因素，你在市場上的長期成功機率會大大提高。但你知道大戶使用的那套規則和你不一樣嗎？你不能照他們的規則去玩。如果你照他們的規則去交易，那你可能死定了。因此，你需要問自己一些嚴肅的問題。大多數大戶不了解風險；但他們偏偏認為自己懂。這是銀行有惡棍交易員的緣故，也是銀行提供債務工具讓人以 30 比 1 借款的原因，包括承辦次級抵押貸款。艾倫‧葛林斯班（Alan Greenspan）卸下聯邦準備理事會主席一職之後，講了一句話，說他認為大型金融公司在風險方面將自行管理。大銀行自行訂定本身的遊戲規則，而那些規則讓它們能贏。但他們根本不了解我所定義的風險。

還有其他一些重大的因素，但可能太過長期，不必現在就考慮，不過，全球暖化的長期衝擊呢？美國這個經濟強權是不是正每下愈況？當美元不再是世界的準備貨幣，那會怎麼樣？想想這些因素，並且追蹤它們，當股市突然崩盤，或者你做的任何事情突然大幅逆轉，那就一點不叫人驚訝。因此，擬定一套（交易人的）事業經營計畫，把若干因素納入考慮，是非常重要的事。我每個月 1 日左右，隨著免費電子郵件週報《薩普的想法》（*Tharp's Thoughts*），發表一張圖表，列出世界上正在發生的事。圖 2-1 描繪了 2008 年 11 月 21

圖2-1　樊恩薩普學院對2008年11月的大局摘要

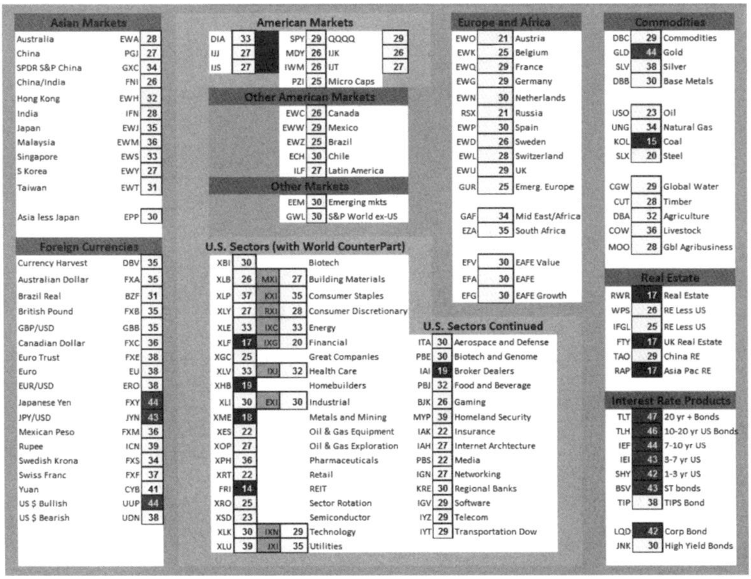

Asian Markets		
Australia	EWA	28
China	PGJ	27
SPDR S&P China	GXC	34
China/India	FNI	26
Hong Kong	EWH	32
India	IFN	28
Japan	EWJ	35
Malaysia	EWM	36
Singapore	EWS	33
S Korea	EWY	27
Taiwan	EWT	31
Asia less Japan	EPP	30

Foreign Currencies		
Currency Harvest	DBV	35
Australian Dollar	FXA	35
Brazil Real	BZF	31
British Pound	FXB	35
GBP/USD	GBB	35
Canadian Dollar	FXC	36
Euro Trust	FXE	38
Euro	EU	38
EUR/USD	ERO	38
Japanese Yen	FXY	44
JPY/USD	JYN	43
Mexican Peso	FXM	36
Rupee	ICN	39
Swedish Krona	FXS	34
Swiss Franc	FXF	37
Yuan	CYB	41
US $ Bullish	UUP	44
US $ Bearish	UDN	38

American Markets					
DIA	33	SPY	29	QQQQ	29
IJJ	27	MDY	26	IJK	26
IJS	27	IWM	26	IJT	27
		PZI	25	Micro Caps	

Other American Markets		
EWC	26	Canada
EWW	29	Mexico
EWZ	25	Brazil
ECH	30	Chile
ILF	27	Latin America

Other Markets		
EEM	30	Emerging mkts
GWL	30	S&P World ex-US

U.S. Sectors (with World CounterPart)				
XBI	30			Biotech
XLB	26	MXI	27	Building Materials
XLP	37	KXI	35	Comsumer Staples
XLY	27	RXI	28	Consumer Discretionary
XLE	33	IXC	33	Energy
XLF	17	IXG	20	Financial
XGC	25			Great Companies
XLV	33	IXJ	32	Health Care
XHB	19			Homebuilders
XLI	30	EXI	30	Industrial
XME	18			Metals and Mining
XES	22			Oil & Gas Equipment
XOP	27			Oil & Gas Exploration
XPH	36			Pharmaceuticals
XRT	22			Retail
FRI	14			REIT
XRO	25			Sector Rotation
XSD	23			Semiconductor
XLK	30	IXN	29	Technology
XLU	39	JXI	35	Utilities

Europe and Africa		
EWO	21	Austria
EWK	25	Belgium
EWQ	29	France
EWG	29	Germany
EWN	30	Netherlands
RSX	21	Russia
EWP	30	Spain
EWD	26	Sweden
EWL	28	Switzerland
EWU	29	UK
GUR	25	Emerg. Europe
GAF	34	Mid East/Africa
EZA	35	South Africa
EFV	30	EAFE Value
EFA	30	EAFE
EFG	30	EAFE Growth

U.S. Sectors Continued		
ITA	30	Aerospace and Defense
PBE	30	Biotech and Genome
IAI	19	Broker Dealers
PBJ	32	Food and Beverage
BJK	26	Gaming
MYP	39	Homeland Security
IAK	22	Insurance
IAH	27	Internet Archtecture
PBS	22	Media
IGN	27	Networking
KRE	30	Regional Banks
IGV	29	Software
IYZ	29	Telecom
IYT	29	Transportation Dow

Commodities		
DBC	29	Commodities
GLD	44	Gold
SLV	38	Silver
DBB	30	Base Metals
USO	23	Oil
UNG	34	Natural Gas
KOL	15	Coal
SLX	20	Steel
CGW	29	Global Water
CUT	28	Timber
DBA	32	Agriculture
COW	36	Livestock
MOO	28	Gbl Agribusiness

Real Estate		
RWR	17	Real Estate
WPS	26	RE Less US
IFGL	25	RE Less US
FTY	17	UK Real Estate
TAO	29	China RE
RAP	17	Asia Pac RE

Interest Rate Products		
TLT	47	20 yr + Bonds
TLH	46	10-20 yr US Bonds
IEF	44	7-10 yr US
IEI	43	3-7 yr US
SHY	42	1-3 yr US
BSV	43	ST bonds
TIP	38	TIPS Bond
LQD	42	Corp Bond
JNK	30	High Yield Bonds

日的大局勢。

今天，全世界的經濟局面，可以用代表全球經濟各個層面的指數股票型基金（ETFs）相對強勢來表示。11 月 21 日，經濟看起來相當慘淡。最左一欄是亞洲股市和貨幣。少數幾種貨幣表現不錯：日圓和美元。

中欄上方代表美國經濟。美國的主要領域置於上方格內。美國的其他市場置於其下。中欄下方則列出美國經濟相對於全球的主要部門。你可以在這裡看到金融部門、房屋營建部門、礦業與採礦、不動產投資信託都表現得很差。

歐洲和非洲置於美國右方，表現欠佳。商品、不動產和利率產品置於右欄。黃金和債券表現出色。

表現好的工具，沒有一個的相對強勢達到 50（量表最高是 100），而這表示當時和未來的整體局面有多糟，除非你長袖善舞，否則應該持有現金。11 月 21 日的頂尖 ETFs 都是超短期的 ETFs。

表 2-1 列示 2008 年（迄 11 月 21 日止）美國股市的每週市場類型長期評估。

請注意全年被列為震盪，而且大部分時候看跌。單週市場類型是以 13 週滾動視窗來表示。請注意到 11 月 21 日止，有 30 週看跌。

你認為經常以這種方式看大局有用嗎？我當然覺得有用。對於要如何在目前的市況中交易，這不是能給你更好的概念嗎？

表2-1	2008年市場類型（根據滾動13週視窗）		
市場狀況	**日期**	**市場狀況**	**日期**
震盪看跌	11/21/08	震盪看漲	06/06/08
震盪看跌	11/14/08	震盪看漲	05/31/08
震盪看跌	11/07/08	震盪走平	05/23/08
震盪看跌	10/31/08	震盪走平	05/16/08
震盪看跌	10/24/08	震盪走平	05/09/08
震盪看跌	10/17/08	震盪看漲	05/02/08
震盪看跌	10/10/08	震盪走平	04/25/08
震盪看跌	10/03/08	震盪走平	04/18/08
震盪走平	09/26/08	震盪走平	04/11/08
震盪走平	09/19/08	震盪走平	04/04/08
震盪走平	09/12/08	震盪看跌	03/28/08
震盪看跌	09/06/08	震盪看跌	03/21/08
震盪看跌	08/29/08	震盪看跌	03/14/08
震盪看跌	08/22/08	震盪看跌	03/07/08
震盪看跌	08/15/08	震盪看跌	02/29/08
震盪看跌	08/08/08	震盪看跌	02/23/08
震盪看跌	08/01/08	震盪看跌	02/15/08
震盪看跌	07/25/08	震盪看跌	02/08/08
震盪看跌	07/18/08	震盪走平	02/01/08
震盪看跌	07/11/08	震盪看跌	01/26/08
震盪走平	07/04/08	震盪看跌	01/18/08
震盪看跌	06/27/08	震盪看跌	01/11/08
震盪走平	06/20/08	震盪看跌	01/04/08
震盪走平	06/13/08		

它清楚明白地告訴你：此時此刻，不是應該抱著現金，就是應該放空。2008 年全年，你大可這麼做（如果你熬過 2008 年 4 月到 6 月那段期間的話）。

我對大局的看法，可能和你完全不同。這一點很重要。比方說，觀察市場類型的方式有許多：

◆ 我觀察每一季（13 週的期間）市場像什麼，但你也許是當日沖銷交易人。

◆ 我衡量相對於過去五十年的波動性，你也許對相對於過去 100 天的波動性感興趣。

同樣的，有許多方法可以觀察市場正發生什麼事：

◆ 我從 ETFs，觀察世界上各種交易工具的相對表現。你也許認為 ETFs 的風險很高，不能代表這個世界。

◆ 我觀察可能持續長達二十年的長期市場趨勢。你也許不在意這麼長的週期。你或許希望今天市場的波動夠大，適合進場交易。

重要的是你必須有方法去監視正在發生的事，所以知道大局勢何時會改變，從而知道對你的交易方式來說，什麼是重要的；什麼事情重要當然取決於你的信念。

你的戰術性交易策略是什麼？

本書第三部會更詳細討論交易策略，所以這裡只列出此處你應該考慮的一些問題：

1. 配合大局，你可使用的三個沒有關聯性的策略是什麼？
2. 這三個策略涵蓋六大市場類型嗎？
   - 空頭震盪
   - 空頭平靜
   - 橫盤平靜
   - 橫盤震盪
   - 多頭震盪
   - 多頭平靜

   換句話說，你知道自己的系統在每一種市場類型中的表現如何嗎？你在所有的市場都進行交易嗎？或者你會避開在某些市場交易？
3. 進場之前，你利用什麼樣的型態？
4. 你的進場時機訊號是什麼？
5. 你最糟情況下的損失將如何？如何決定的？
6. 你將如何獲利了結？
7. 那個方法的期望值如何？這個系統有多好？這個系統利用部位規模設定以達成目標，有多容易？

你需要確實了解目前的市場類型，務必擁有表現不錯的系統。如果沒有，你唯一的選擇是待在目前的市場類型之外，退場觀望。

如何透過部位規模設定達成目標

用部位規模設定來達成你的目標，是交易事業經營計畫中很重要的一部分。你需要有明確的目標，你也必須了解，幫助你達成目標的，不是你的系統，而是你的部位規模設定演算式。

如果你了解這個概念，那麼你將領先很多專業交易人，就算不是贏果絕大多數的人，他們大都沒辦法執行部位規模設定。比方說，大部分的銀行交易員，甚至許多公司的交易員，根本不知道他們交易的錢有多少，這樣要如何能夠執行部位規模設定？更何況，大部分的投資組合經理人必須百分之百投資，所以只能使用加權形式的部位規模設定。

幸好你不必受到任何限制，所以你務必徹底了解這個主題。請詳讀本書第四部，然後研究《部位規模設定完全手冊》（*The Definitive Guide to Position Sizing*）。[3]

---

[3] Van K. Tharp. *The Definitive Guide to Position Sizing*. Cary, NC: IITM, 2008.

💡 因應你面對的挑戰

本書第一部談的是評估你的強項和面對的挑戰，以及擬定計畫去處理它們。你現在需要彙整那些資料，納入你的經營計畫。

想要投入交易生涯，你做了多少準備？本書前面給的測驗，你的表現如何？你的交易性格如何？那種性格的長處和面對的挑戰是什麼？你對自己持有哪些信念，尤其是束手縛腳的信念？

一旦你把所有這些資料都寫下來，接著就需要擬定處理它們的計畫。你應該回答下列這些問題：

1. 我每天需要做什麼事，用於約束自己，以規規矩矩走在正途上？
2. 我面對哪些重大的情緒問題，將如何處理它們？
3. 我有哪些持續不斷的自我修練計畫，避免自取其敗？
4. 身為交易人的我如何提高效率？
5. 交易時如果出現問題，我可以如何認出它們，並加以處理，以免自取其敗？

關於這些事情，我建議你熟讀第一部有關如何持續不斷處理這類問題的觀念。練習使用它們，然後擬定一套你能遵循的經常性作業程序。

這塊領域非常重要，而且將給你很大的優勢。且讓我舉例說明這個優勢有多重要。

2008 年 1 月，有個大型共同基金請我去為交易員／分析師舉辦一天的講座。有三十人左右到場，他們總共管理約 500 億美元，希望我談他們需要指導的兩個主題：部位規模設定和心理管理。我先談部位規模設定，但他們顯然丈二金剛摸不著頭腦，因為既然是共同基金，就需要將近百分之百的投資。他們不能放空，也不能在時機不好時賣出變現。

我向他們解釋，說他們可以買標竿（benchmark），然後加重或者減低某些成分的權數，當做一種部位規模設定的形式。顯然他們了解了一部分的概念。2007 年，這家公司表現最好的人，全年對某支股票的權數維持在 8%。它的漲幅亮眼，但也從高點跌掉 25% 以上，不過他仍保持那支股票占 8% 的權數。我不知道他後來如何了，但他們交易的整個市場，到 2008 年底再跌 50%。

然後我們談到比較有趣的心理管理。這個主題尤其重要，因為他們幾乎無法控制部位規模設定。我決定讓他們做個練習，幫助他們解決一個問題，然後請那群人挑一個表現最好的人來解說這個過程。但那位表現最好的人卻挑如何「站在一群人前面」做為他的問題。這完全毀了解說的目的。這群人對心理管理這個主題顯然並不感興趣，他們要求我提早結束這個單元。他們認為剩下的時間用來分析市場比較重要。

2008 年底，我查了那支基金，表現慘不忍睹。許多基金那年封關，表現恐怕差不了多少。不過，在那種情況下，他們也沒辦法執行良好的部位規模設定，更不會在意心理管理。我有點想知道，他們對當初沒有好好認真上這個講座單元，現在是怎麼想的。也許他們覺得無所謂，因為他們的績效標竿，表現同樣其慘無比。

　　你可以開始看到，如果好好鑽研這個主題，你相對於許多專業人士將占有很大的優勢嗎？

💡 你每天的作業程序是什麼樣子？

你需要列出一張例行作業表，維持你的表現於頂尖水準。作業表上有些什麼，將取決於你，以及你需要這些頂尖表現來做什麼。以下是可以考慮的一些事情：

你每天的作業程序是什麼樣子？

- 一天開始作業前，你需要自我評估嗎？這將包含什麼？你要怎麼做？
- 你要如何督促自己去做今天該做的事？
- 你每天要做什麼，以防止錯誤發生？
- 你每天要做什麼，以追蹤你的交易和你對交易的想法？

◆ 你要監控哪些統計數字，以追蹤自己的交易情形？如果你要的話，以下是你可以監控的一些事情：R 倍數；期望值；R 的標準差；每月報酬率；每天的獲利和損失（平均值與中位數）；年化夏普比率（Sharpe ratio）；獲利最大日與損失最大日之比；交易量；獲利日數與損失日數；獲利最大日；損失最大日；最大賠損金額；最大賠損時間；最大賠損百分率。

◆ 你每天要做什麼事，以提升自我？是節食、運動、靈修（例如冥思），還是交易練習，以保持在頂尖狀態。

花點時間思考這些領域，並且做好檢核單，用來監控你自己。

你有什麼教育計畫？

對於如何更上一層樓，你有什麼打算？這個計畫的一部分，應該是持續不斷改進。願意在本身和員工身上投資的公司，通常成長興隆。你打算如何在自己身上投資？

◆ 你需要知道什麼，以改善你的交易技巧和知識？

◆ 你需要如何自我提升，以求績效更上一層樓？

◆ 你如何取得那個資訊？

◆ 你如何知道資訊來源可靠？請記住：專家不像外表看起來那麼行。2008 年的金融海嘯應該能說服你相信這點。

開一張清單，列出你需要的每一樣東西，然後擬定一套計畫，設法發展技巧和那些知識。這應該是你經營計畫中重要的一環。

你有什麼教育計畫？

🔖 緊急應變計畫

擬定緊急應變計畫背後的想法，是藉腦力激盪，預判什麼事情可能發生。把腦力激盪的過程視為創意練習。從這個觀點來做，就不會給它貼上負面的標籤。

做這種規劃，背後的目的是為可能出錯的事情做好準備。市場通常會找你沒做好準備的事情，狠狠測試你的耐力。當這種事情發生，而你沒做好準備，你會感受到很大的壓力，腦子會變得一片空白。一般來說，你的反應方式非常原始，卻得耗上很多心力。比方說，你可能高聲尖叫。但這對你沒什麼好處，只會傷害你的帳戶。

用腦力激盪的方式，想出可能出錯的每一件事。你可能發現，這些問題可分為六大類：

1. **個人緊急狀況**。比方說，我有位客戶為了應付個人的緊急狀況，放著許多未軋平部位沒辦法處理。等他回來，又得開始忙著擺平拉起警報的財務！

2. **始料未及的市場災難**。這方面的實例包括 1987 年的股市崩盤；沒人料到標準普爾 500 指數（S&P 500）一天之內跌掉 20%，但事實就是擺在眼前。這類意外也可能包括「911 恐怖攻擊事件」發生時，股市關閉相當長的時間等事件。我們的「超級交易人」課程，其實有一部

分像在玩戰爭遊戲；這些遊戲是曾為美國情報機關設計遊戲的人設計的。在那個訓練中，我們有個假設情境，正是世界貿易中心（World Trade Center）被炸毀。學員當時的反應是：「這根本不真實，這種事情不會發生的。」不幸的是，我們做了這個練習之後約五年不到，慘劇發生了。

3. **設備與資料問題**。如果你的電腦發生什麼事，會怎麼樣？如果你的軟體發生什麼事，尤其是你根本不知道的問題發生時，會怎麼樣？如果你的資料發生什麼事，會怎麼樣？如果你拿到的是有缺點的資料和得到假訊號，

第53種狀況：忍者偷走了我的電腦

會怎麼樣？所有這些事情都要未雨綢繆。正如所附插畫所示，如果你的電腦被偷，會怎麼樣？

4. **人生重大的變化**。這些變化包括生兒育女、離婚，或者生離死別、公司搬遷或者搬家，以及打官司等叫人分心費神的事。這些事情通常遲早會發生，你應當規劃如何因應。沒錯，你可以停止交易就好，但如果你未雨綢繆和多加練習，也許還有別的辦法可想。

5. **心理／紀律問題**。做好計畫，確保自己不致被市場掃地出門。

6. **營業員問題**。你應該期望營業員有什麼樣的表現？出錯時，你會做什麼事？撮合不良？營業員質疑你的判斷？這些都應該考慮。

如何擬定緊急應變計畫？

開出一張清單，列出上述每一類意外可能出錯的每一件事，加上可歸入雜類的其他任何事情。緊急應變計畫的項目至少需要一百項，否則清單太短。

這張清單寫好之後，每一種狀況列出三種方法。如果清單上有一百條項目，那麼你需要三百種解決方法。

確定哪個解決方法是每個問題的最有效方法，並且徹底不斷演練，直到成為第二天性為止。這是緊急應變計畫真正的價值所在。你愈能全面練習，日常心理演練需要花費的處

理工夫愈少。

　　大部分人寧可忽視計畫中的這個單元，但它其實是最重要的一部分。

　　有時連好事也會變成災難。我的公司規模還小時，我曾經想過，最糟的事情之一，是突然來一筆大訂單，花上我好幾個月的時間趕工，因為我的存貨不夠。人往往不會想到好消息也會演變成一場災難。

災難計畫的心像預演

要以顛峰水準交易，你需要知道任何情況發生時到底應該如何因應最好。如果你持有 8,000 股的 IBM 股票，而它突然下跌 13 點，會發生什麼事？你會做什麼事？如果你當日沖銷交易 S&P 指數，留有五口左右的未軋平合約，卻突然接到醫院來電，說你家人剛出意外，情況危急，那會怎麼樣？你會怎麼做？如果股市大崩盤，你會做什麼事？如果道瓊工業股價指數一天之內上漲 20%，而你卻放空，那會怎麼樣？在這些情況下，你知道自己該怎麼做嗎？

顛峰表現的關鍵，在於擁有一套守則，引領你的行為，而且能夠抵擋可能導致你打破守則的任何事情。你需要在交易之前，設定好這些守則，而且有了守則之後，立刻預演你的災難計畫。

一般情況下，你的意識處理容量大約是七段資訊。但在壓力之下，身體會釋出腎上腺素到血流中。正常情況下得到 50% 含氧血液的腦部，這下血液被抽走到身體的主要肌肉。你突然之間有了更多的能量（亦即逃開），但你的思考能力減弱了。大體來說，處於壓力之下，你會恢復原始行為，卻有更多的活力。如果你必須逃離獵食者，這倒不錯，但如果你必須快速思考市場的狀況，反而可能引來一場災難。

處理這種情況的祕訣，是在事情發生之前，先在心裡演

練。這麼做之後，你的無意識心靈會確實知道該做什麼，而且壓力不再有影響，因為你就是會做。

有個神經語言程式講師，曾經是世界一流的自行車好手，他引導我認識心像預演的力量。他為了保持世界一流的水準，每天在南加州道路騎上 100 哩左右。專業騎士大約每騎 5,000 哩，就會發生一件危險的事。有幾次災禍差點就奪去他的生命。因此，他想，如果要活得和一般人一樣長久，不是放棄騎自行車，就是採取某種預防措施。他選擇了未雨綢繆：心像預演。

他騎著自行車到野外，坐上去，花兩個小時，徹底想過可能造成災難的每一種情境。對每一種可能的災難，他想出一種行動方案，並在心裡預演許多次，直到似乎成了第二天性為止。

幾個月後，他照常出去騎車，在交通繁忙的路上高速行駛。說巧不巧，他剛好瞄了前輪一眼，發現腫了一塊。幾秒內，就要大爆胎。他想都沒想，馬上握著把手，來個翻滾，雙腳著地，自行車反轉在他背上。要是沒這麼做，也許幾秒內輪胎就會爆裂，把他甩向來車。

驚魂甫定，回過神來，不再想發生的事時，他知道，剛才的翻滾，正是那天他在野外預演的行為之一。心像預演救了他一命，也可能救你的命——至少救你的財務。

請從以下的步驟 1 做到步驟 3。善加利用你的心靈，確定市場不管發生什麼事，你都已經準備好了。

1. 開始交易之前，確定你已經訂好計畫，引導你交易。何時你會出場，結束一筆交易？何時你會獲利了結？什麼事情可能叫你分心，偏離計畫？

2. 一旦你的計畫擬好，用腦力激盪的方式，判斷你的計畫或者生活可能出錯的每一件事。這不是唱衰的時刻，應該把它視為防止問題發生的創意挑戰。

3. 針對可能出錯的每一件事，擬定行動計畫。心像預演那套計畫，直到成為第二天性。

交易系統以外的其他系統

每一個事業都有許多系統；所謂系統，我是指自動化的東西，能夠幫助人們在經營事業時，知道該做什麼事。比方說，速食餐廳會有一些系統，幫助員工招呼顧客，並在一分鐘內服務他們。它也會有一些系統用於備辦食物、清潔、管理現金流量、處理經營過程出現的問題等等。你的交易事業也需要這些系統。

現金流量

這些系統裡面，最重要的是處理現金流量和預算編製。經營你的事業，需要花多少成本？每個月的設備成本是多少？每個月的網路連線成本是多少？你取得資料的費用是多少？教育支出是多少？訂閱費呢？還有哪些是每個月的固定開銷？投入的研究時間呢？也許還要考慮你的薪水。

所有這些應該能讓你有個概念，曉得你每個月需要賺多少錢，事業才能獲利。你當交易人的時薪是多少？報酬是不是低於最低工資？你拿多少薪水？在你擬定交易事業計畫時這些都要詳細回答（或者至少好好規劃）。

顧客關係系統

代客交易時，你需要設法招徠顧客；你需要用某種方

式，行銷你的事業。你要如何運用合法的方式，讓人知道你能為他們做什麼事？這應該是個完整的計畫，或者至少是事業計畫的一個單元。

接著，你需要知道如何讓顧客高興。經常打電話來，詢問交易情況的顧客，你要如何應對？這種事情真的很叫人分心。你可以做些什麼事，把顧客打電話給你的需要減到最低？比方說，也許可以考慮每週或者每月發行新聞信。你要如何向他們報告交易成果？交易成果欠佳時，你要如何管理？同樣重要的是，當你交易得很好，顧客興奮異常，希望繼續保持佳績時，你要如何管理？

需要經常接聽顧客來電嗎？

後勤事務管理

下一個問題是你的後勤事務。你要如何追蹤顧客？如何寄送報表給他們？你要如何追蹤投資績效，尤其是如果你管理許多個人帳戶？你要如何記帳？這些只是後勤事務需要回答的一些問題而已。你得做好這方面的計畫。

資料管理

你要如何管理資料？如果資料有錯，會怎麼樣？交易撮合過程出錯，會怎麼樣？

你要如何處理資料？你的歷史性檢測適合用來做決策嗎？比方說，如果你檢測三十年的 S&P 500 資料，你是要拿來檢測今天的 S&P 500 指數，還是拿實際存在的 S&P 500 資料，檢測你正在檢測的那些年頭？

你的資料考慮過股票分割、股利發放，以及其他任何調整嗎？

如果你交易的是貨幣，你是不是有二十四小時的資料？追溯到多久以前？如果你交易的是期貨，你是不是持有連續性合約（continuous contracts）？

要是你正在檢測的資料有錯，或者更糟的是，你正在交易的資料有錯，會發生什麼事？你有什麼計畫？

做研究

關於執行持續性的研究，你抱持什麼樣的信念？看看你

用得很高興的那些系統，確定它們在六種市場狀況中將表現得多好。你是不是擁有每一種狀況下都運作得不錯的系統？如果沒有，是不是計劃發展一些，或者在某些狀況中，乾脆軋平部位，抱牢現金。

營運

你要如何經營這個事業？你的事業需要什麼設備？你要如何確保每件事情運作得很好？你是不是負有其他的責任？如果有的話，你如何協調它們和你的事業營運活動互相配合？如果事業上的任何關鍵層面有任何極其要緊的事情出錯，你會怎麼做？這是事業經營計畫中，營運單元應該回答的許多問題中的一些而已。

組織與管理

你經營的事業，要選擇使用什麼樣的組織形式？獨資？公司？找 C 公司當管理合夥人（general partner），組成有限責任合股事業？你會選擇當交易人？這要如何運作？

此外，你是要全部自己來，還是雇用員工幫忙？如果你要自力營生，那會很難透過交易變得無限富有，因為你仍然得工作。不過，你可以設計一套系統，雇來的員工會替你運作，而這又是另一回事。

1990 年代初，我和貝索（史華格寫的《新金融怪傑》介紹過他）可能辦過大約十五場研討會。我們也邊吃飯邊聊了許多，並在我的每月新聞信訪問過貝索兩次。那時，貝索一再提到一句話：「我先是生意人（businessman），其次才是交易人（trader）。」他把自己當生意人的方法一直是他成功的關鍵，我想在這一節詳細探討那種方法，因為你在商場上運作的象限，也適用於交易人。

1990 年代末，我也和羅勃特・清崎（Robert Kiyosaki）合辦了幾場「無限富有」（Infinite Wealth）講座，所以非常清楚他的想法。清崎和莎朗・萊希特（Sharon Lechter）在他們合寫的《富爸爸，有錢有理》（*The Cashflow Quadrant*）❹一書探討四種類型的人。這些類型是依他們的現金流量型態區分。象限左邊的人（受雇型員工與自雇型人員），是為錢工作。象限右邊的人（企業主和投資人），則是讓錢為他們工作。這四個象限很有趣，因為它們也完美地描述了各種類型的交易人。最成功的交易人落在象限的右邊。

---

❹ Robert T. Kiyosaki, and Sharon L. Lechter, *The Cashflow Quadrant: Rich Dad's Guide to Financial Freedom*. New York: Warner Books, 1998.

受雇型交易人為系統工作

如果你做一項工作（碰巧是交易），並且因為做它而拿薪水，那麼你是受雇型交易人。清崎並沒有在他的書中真正定義系統（system）這個字詞，卻不時用到它。但是他給了許多系統方面的例子。比方說，海軍陸戰隊有個系統，能讓士兵在最低的損傷之下達成目標。士兵不是遵循這套系統，就是死亡。同樣的，前面說過，麥當勞有許多系統。每一家分店都有幾百個系統，而這正是麥當勞經營成功的原因。員工不是遵循這些系統，就是 (1) 分店關門，或者 (2) 員工遭到遣散。

因此，務請記住：受雇型交易員是為系統工作；他們不見得了解系統。我相信這是他們不見得是好交易人的關鍵。

銀行交易員、企業交易員、若干共同基金經理人，甚至有工作卻抽空交易的人，是受雇型交易人的好例子。這些人追求的是保障和良好的福利給付。因此，頂尖的銀行交易員可能為銀行賺進 5,000 萬美元，但她沒賺到這筆錢，錢是銀行賺走的。這名交易員只支領薪水，頂多或許會因為表現不錯而領到獎金。

受雇型交易員為飯碗而工作。他們領取薪水，而這是課稅之後才給他們的。他們是為支薪而工作。這是他們的主要動機。他們樂意交出品質更好的工作成果，領取更高的薪水，但他們的主要想法是：如果我做了 X，就有薪水可領。對他們來說，薪水的「保障」和他們的「福利」，比「錢」

還重要。

　　我曾經考慮和紐約某大銀行的外匯交易員合作。財務長講了這麼一句話，讓我恍然大悟，知道自己原來在和什麼打交道：「我不希望任何交易員賺 20% 以上。如果他們賺超過 20%，就有可能賠掉 20%。此外，他們會要求很高的獎金，接著他們會賺比我更多的錢。」即使這個人在行裡位居要津，卻仍然是個受雇型員工，抱著受雇型員工的心態。

受雇型交易人為系統工作

　　我發現，我共事過的最糟交易員，通常是受雇型交易員。他們對交易知道得不多，大都會成為很糟的交易員。此外，抱持受雇型員工心態和有全職工作的人（也就是他們看重的是保障和福利），卻想把交易當作職業，也是糟糕的交

易員。比方說，大部分人認為證券營業員是交易員，但其實他們是受雇型員工（視他們領取薪水的程度而定），領取薪水幫公司賣股票。視他們抽取手續費的程度如何而定，他們也有可能是自雇型（見下一類）。

受雇型交易員通常帶著受雇員工的心態進場交易。他們希望有人告訴他們買什麼股票，以及市場會怎麼走。他們一向習慣於聽令行事，也討厭犯錯。比方說，銀行的交易室通常每天開會，告訴員工當天應該做什麼。這就是員工心態，和良好的交易格格不入。

自雇型交易人就是系統

這類交易人辭去工作，希望靠交易自食其力。他們不喜歡仰人鼻息拿錢，希望靠自己努力工作。他們希望控制眼前的狀況，而且凡事自己來。我共事過的大部分交易人，對於交易都抱持這種心態。

自雇型交易人常常是完美主義者。每件事情都非得完美不可——這些交易人不接受稍有瑕疵。因此，他們需要完美的交易系統，而且總是在尋找更好的。他們也可能喜歡隨興交易，因為機械式的系統沒辦法像他們做得那麼好。

自雇型交易人大都會設法牢牢掌控一切，希望找到聖盃系統，完美地預測到市場的頭部和底部。結果通常很不成功。自雇型交易人如果懂得期望值、交易高 R 倍數、部位規模設定等原則，就有機會表現得叫人刮目相看。

成功的交易人通常會覺得資金有限，於是開始代客操作。開始這麼做之後，除了交易系統，其他許多系統也需要就定位。自雇型交易人往往堅持一切事情自己動手，以致時間、知識嚴重受限而備感挫折。結果通常是招來失敗。想當專業基金經理人的人，大多從自雇型的角度著眼。

　　你落在這兩個象限嗎？對你提供建議的人呢？他們也落在這兩個象限嗎？現在來看看右邊的兩個象限。

企業主型交易人擁有和發展系統

　　現在來看看跨出下一步的人——他們把自己的交易事業看成一組系統。他們盡可能使這些系統自動化，然後訓練其他人負責運作。你不能既是完美主義者，又發展自動化系統。不過，你可以發展這些系統，讓自己從當中解放出來。

　　舉兩個例子來說。我遇過的企業主型交易人是全系統交易人，每件事情都電腦化。資料進來，電腦加以處理，發出指令，自動執行。這些交易人不斷設法讓每一樣事情自動化。如果某件事重複進行，他們會將它電腦化，消除人力介入的必要。結果是，企業主型交易人可以把事業交到別人手中，脫身去做別的事。這些交易人知道系統會運作得井井有條，因為系統是他們發展的。那些系統也許不完美，也許不能得到很高的報酬率，但在它們所設計的參數內，一直運作得不錯。此外，企業主型交易人也有吸收新資金、應對客戶、管理後勤事務、持續不斷進行研究的系統。當員工離

職，他們會訓練其他人接手，操作那名員工所處理的系統。

要成為企業主型交易人，有幾個步驟。第一步是有能力發展或者購買經營事業所需的系統。例如，企業主知道部位規模設定是交易事業的關鍵部分，所以有個系統負責管這件事。他或她也有些系統就定位，管理研究、資料、後勤會計處理、參與的其他人——也就是我們在本書這部分談過的所有事情。

一旦這些系統就定位，企業主型交易人必須招募員工來運作系統。這需要良好的領導技巧。企業主將擁有系統，並找優秀的人才來運作。因此，事業會為交易人賺錢，不需要交易人投入時間。你的事業和員工會為交易人賣命。

投資人型交易人投資於系統

交易人投資於能給他們良好的投資報酬率，卻不需要投入額外工作的系統時，便成了投資人。比方說，如果你在拙著《交易‧創造自己的聖盃》一書，讀過巴菲特投資企業的標準，會發現他的關鍵標準之一，是投資於擁有良好的系統，能創造高業主權益報酬率的企業。一旦找到這樣的東西，就不需要額外工作。錢會從那筆投資源源不絕流入。交易人／投資人有錢為他或她賣命。

Part 3

發展合適的交易系統：
依你計劃交易的市場類型而異

Developing a Business Plan:
Your Working Guide to Success in the Markets

設計適合你的系統

　　史華格在寫完頭兩位市場怪傑之後，做成的主要結論是：所有出色的交易人都會發展適合自己的系統。我也贊同這是成功的祕訣之一。在設計適合自己的系統時，以下是你可以考慮的一些標準：

1. 你需要知道自己是什麼樣的人，要是你不知道，又如何能夠設計適合你的東西？

2. 一旦你知道自己是什麼樣的人，就能確定你的目標，以及設計一套適合那些目標的系統。

3. 你對大局持有哪些信心，以及你的系統必須能夠符合那些信念到什麼程度？比方說，如果你相信未來五到十

系統和褲子一樣，應該合身。

年，美元勢必崩跌，那麼這件事在你發展交易系統時會對你造成什麼影響？

4. 你交易的只是你對市場持有的信念，因此，你需要知道那些信念到底是什麼。你對市場持有哪些具體明確的信念，而這如何帶給你優勢？你一旦了解這些標準，就能設計一套用起來安心自在的具體系統了。

舉例來說。假設你相信市場並不是真的隨機，因為有些大趨勢，和你預期的隨機市場應有的價格波動並不符合。你或許相信在市場上賺錢的最佳方法，是找到和利用那些趨勢。這若是你的主要信念，你認為自己能做到下列事情嗎？

◆ 買遭人冷落、沒人喜歡的東西？也許不會，因為這與你相信能給你優勢的主要信念並不相符。

◆ 像波帶交易人（band trader）可能做的那樣賣高和買低。你也許不會這麼做，因為這是非常不同的交易心態。

我可以舉出許多有關信念的例子，以及許多你可能覺得很難做到的事，因為它們並不符合你的那些信念。但願你現在懂得我想說的話了。你必須確定你對市場的哪些信念將帶給你優勢，因為只有在符合你信念的情況下，你才能輕鬆自在地交易。

5. 接著你必須了解系統的各個部分，以及你對每個部分持有的信念。比方說，你對型態、進場、停損、獲利了

結、部位規模設定持有什麼信念？同樣的，你只能交易你的信念。例如，假設你一方面想要抓趨勢，另一方面也相信停損點要跟得緊。這表示，一筆交易很容易被上沖下洗，害你出場很多次，但一旦你逮到大趨勢，你的總報酬會是初始風險的好幾倍。

6. 我的信念之一是，一個交易系統的特性，可以由它產生的 R 倍數分布來表示。R 是指一筆交易的初始風險，R 倍數則是以獲利和損失相對於那個初始風險的比率來表示。不久我們會談得更加詳細。那個分布會有個平均值和標準差，告訴你很多事情，曉得一筆交易操作起來會有多容易。因此，你必須確定系統的 R 倍數分布像什麼樣子，你才願意去交易。

7. 你也必須問自己：「我的系統必須符合什麼標準，我才能安心自在地交易。」雖然我可以給你許多建議，這仍然是個人安心的問題，而且是發展適合你的系統這個過程中，很重要的一部分。以下一些標準供你參考：這套系統吻合你的信念嗎？我是不是真的了解這套系統是怎麼運作的？我是不是了解這套系統在各種類型的市場中會有什麼表現？我是否信任對這套系統所做的初期測試結果？我對這筆交易感覺是不是很好？是否有自信能輕而易舉的按照自己的打算去交易，不致犯下任何錯誤？

8. 你也必須問自己：「我可以如何利用部位規模設定，以達成我的目標，而以系統的 R 倍數分布來看，我能夠做

到的機率如何？」如果你有準確的 R 倍數樣本，也許可以透過模擬，回答這個問題。

最後，你必須問自己，你要做什麼事，以確保你的系統符合所有標準，這樣你才能安心自在地交易。如果不是那麼符合某些標準，你又該怎麼做？或者你會改變標準？

💡 一些交易概念

交易人可分成許多種不同類型，要把他們分門別類，有個方法是看他們進行交易時的基本概念。有些概念截然相反（例如趨勢追隨相對於波帶交易），但如果你非常相信，而且奉行低風險的觀念，那麼任何概念，你都能交易。

- **趨勢追隨**（Trend Following）：這裡的基本觀念是，買進顯然上漲的東西，停止上漲時則賣出。同樣的，明顯下跌的東西放空，停止下跌時則買回來。做這件事的關鍵，是找到一種方法，定義如何在低風險的情況下，何時進場和出場。

- **基本面分析**（Fundamental Analysis）：這裡的基本觀念是根據經濟學中的供給與需求概念。你必須分析市場，找出哪裡可能有需求存在，並在那裡買進（最好是趁需求未出現前買進）。當你認為價格夠高，需求可能滑落，那就賣出。你可能認為，當供給少，需求會增加，市場會動起來，但事實不見得如此。以我很熟悉的美國郵票例子來說，有些十九世紀的郵票發行數量有限，現存不到一百枚。但這些郵票的需求不大，所以價格相當合理。可是只要有五十名收藏家願意花 10 萬美元買非常稀有的美國十九世紀郵票，價格就會上漲十倍或更高。

- 價值型交易（Value Trading）：買進價值遠被低估的股票，並相信終有一天市場會認清它們的價值。判斷股票價值的方法可能有數千種之多，有些比其他方法有用。如果你決定要採價值型交易法，那就得從比較有用的方法裡找出一種來。

- 波帶交易（Band Trading）：若干工具（股票、商品和貨幣）可以利用波帶交易法。某樣東西觸及、穿越或者接近下波帶時買進，而觸及、穿越或者接近上波帶時則賣出。進場順序如何沒關係，波帶交易法的關鍵，是了解如何發展有用的波帶。

- 季節性傾向（Seasonal Tendencies）：了解季節性傾向的真正關鍵，也許在於你發現的傾向必須有基本面基礎，能夠解釋它的存在。用電腦可以找到很多無意義的關聯性。例如你可在 3 月最後一週買進 XYZ，因為過去二十年，有十八年它在接下來三天上漲。這種統計上的偶然很容易發生。但你找的應該是類似以下這樣的東西：在 11 月到 5 月間，股市傾向於上漲，因為退休基金通常會在這段期間進入市場。

- 價差交易（Spreading）：這就踏進了專業交易人的地盤。你可建立波動潛力大，風險卻低很多的多頭部位和空頭部位。例如你可買進 12 月的選擇權和放空 3 月的選擇權，也可買進一種貨幣和放空另一種貨幣。這是專業人士常做的事，他們有辦法以很低的成本執行高額交易。

- **套利（Arbitrage；主要是專業人士在做）**：指在正常的交易中尋找漏洞，從中賺取龐大的利益。比方說，在能夠交易貨幣之前，我的一位客戶發現，他可以在倫敦用英鎊買糖，同時在紐約用美元購買。他橫跨這兩個市場，交易美元和英鎊之間的關係，而且只有他一個人在做。他說，那時候，如果有任何人想要交易糖，他就必須軋平一筆價差交易。當然，這種情況不會持續太久，因為其他人會知道他正在做什麼，但在持續交易的期間，他說，那就好比從嬰兒的手中搶糖果，易如反掌。套利交易的祕訣當然是找得到漏洞，並且懂得如何掌握利用。

- **跨市場分析（Intermarket Analysis）**：做這種分析的依據是，我們認為，一種商品（或者產品）的價格，會隨著其他許多商品同一時間的走勢而起舞。這不只是少數東西之間的簡單關係。因此，黃金可能和石油、白銀、美元，以及其他許多貨幣的價格有關係。這些關係隨著時間的推移而改變。因此，交易這個概念的關鍵，是同時評估許多不同的投入因素，以找出目前存在的關係。這當然只讓你知道目前的關係，你接著必須利用所有系統共同且十分重要的低風險概念，從那個關係中賺錢。

- **宇宙有秩序存在（There Is an Order to the Universe）**：這方面包括許多子概念，例如(1)人的情緒波，(2)可能影響人類行為的實體事件，以及(3)宇宙的數學秩序。所有

這些概念都可以更換，只要適合你，而且你利用合適的低風險技巧進行交易。

所有這些概念，都描述了一個人進場時可能有的型態。型態只是交易的一小部分，但因為人們認為挑對投資很重要，所以就發展出上面所說的概念種類。交易風格實際上是以型態來命名。

💡 型態不像你想的那麼重要

我在剛擔任交易教練時，注意到當人們談交易系統，指的其實是一個系統的型態。型態是完整的交易系統所需很小的一部分，但人們卻聲稱，型態狀況就是他們的系統。

舉個最有名的系統：威廉‧歐尼爾（William O'Neil）的CANSLIM系統。什麼是CANSLIM？這是歐尼爾型態的英文首字母縮寫，包括：當季盈餘（Current quarterly earnings）、年盈餘增加（Annual earnings increases）、新產品與新管理階層（New product, new management）、供給與需求（Supply and demand）、領先股或者落後股（Leader or laggard）、機構投資人持股（Institutional sponsorship），以及市場方向（Market direction）。當人們談到CANSLIM，討論的主要是每個字母代表的詳細意義。但是依我之見，CANSLIM 型態是決定那個系統成敗最不重要的因素。

以下簡短介紹你可能會想考慮的一些型態：

1. **測試失敗型態** ： 當市場想要測試某個區域，這些型態就會發生。比方說，海龜（Turtles）一向是交易 20 日突破點，所以 20 日高點被視為測試區，如果走勢未能持續下去，可能就被稱為測試失敗型態。

2. **天價反轉型態** ： 價格像拋物線般漲到高點，然後回跌。這些型態常常是反向大波動的起點。

3. **拉回型態** （趨勢追隨者經常使用） ： 指市場被視為處於明顯的趨勢中（型態的第一部分），然後反轉（型態的第二部分），趨勢接著持續進行。

4. **時間型態** ： 當你認為，到了某個特定的期間，由於某種「神秘的宇宙秩序」概念，某些走勢就要發生，便是指這種型態。如果你有這樣一種型態，那麼型態就要發生的時間，也許可以視為型態。

5. **序列型態中的價格資料** ： 說明上面的拉回型態時，我舉了一個這方面的例子，但有許多不同的類型。

6. **基本面資料型態** ： 例如，某位分析師可能做成結論說，某種商品的需求蓄勢待發。有需求，通常意指價格有上漲的可能，所以需求提高，可以考慮為一種型態。

7. **交易量資料型態** ： 比方說，艾姆斯指數（Arms Index）包含交易量資料，可以視為一種型態。

8. **成分股資料型態** ： 如果你交易某種指數，例如S&P 500，你可觀察某些個股的表現，從而發現某個走勢就要發動的重要資訊。這只是成分股資料的一個例子。

9. **波動性型態** ： 當波動性廣泛萎縮，往往好比彈簧等著展開，所以可視為一種型態。

10. **企業基本面型態** ： 價值型投資人用不同的方式，判斷一支股票的價值何時低估，而這通常是他們買進的型態。巴菲特買進每一支股票之前，會檢視它們的許多企業基本面。這些可以稱為企業基本面型態。

　　貝索和我曾經舉辦一場系統講座，但我們強調的是心理、出場和部位規模設定的重要性。有個與會學員說：「我想，只要隨機進場，你們也可能賺錢。」貝索說他沒想過這件事，但他回家後用隨機進場系統，測試他的出場和部位規模設定，果然賺到了錢。

　　我覺得這個想法很有意思，決定自己也來證明。我設計了一個系統，十年內交易十種商品。全部十個部位一直在市場中。軋平某個部位時，需要用擲硬幣的方式，再建立多頭或者空頭部位。我的出場點是過去 20 天平均真實區間（average true range）的三倍，而每個部位冒的風險，是 100 萬美元帳戶的 1%。在市場中保持十個期貨部位，要有 100 萬美元的帳戶才行。我也給每個部位加進 100 美元的滑價（slippage；譯註：指停損單設定的價位和成交價位之間的差價），所以我得克服金額很高的成本，加上隨機進場的做法。

　　採取隨機進場的方式，等於放棄了任何特有的優勢。你唯一能賺錢的方式，是偶爾抓到強勁的趨勢，並且確保你的虧損不致太大，還有你得執行合適的部位規模設定。

　　我的測試結果和貝索的結果吻合：這種方法一直賺到錢。賺的錢不是很多，而且會遇到一些叫人討厭的賠損，但

人被洗腦，以為挑對股票才會成功。

十年下來終究賺到了錢。

那麼，何必去操心進場的問題？我在談型態時，提到這件事。人們被洗腦，以為選對股票，投資或者交易才會成功。其實不然！

來談談 16 歲那年我買的第一支股票。我發現，根據《財星》（*Fortune*）雜誌 1961 年的全年回顧，這支股票的每股盈餘成長率最高。因此，我決定買進時，做了一些研究，但沒有特別挑選進場方法。我一發現它，就以 800 美元買了 100 股。我就是這麼進場的。我接著看它漲到每股 20 美元，然後回跌，最後跌到零。據我所知，許多人都有這種經驗。

你可以說，我買錯股票。我大可用那 800 美元，在微軟

（Microsoft）或者波克夏海瑟威（Berkshire Hathaway）剛創立時買它們的股票，賺上一大筆錢。不過，像那樣的股票，每出現一支，就有一千支後來消失了，包括《財星》五百大公司中的許多公司。基本上，現在我教別人的每一個重要守則都被我忽視了，因為我認為，想要成功，選對股票就行。我可以設 25% 的落後停損點，這樣我的初始風險將是 200 美元（下跌 25%）。當這支股票漲到 20 美元，25% 的落後停損點，會使我在 15 美元處賣出。以 3.5R 的獲利來說，我將賺得 700 美元。我沒選錯股票。只是不了解賺錢守則。

再說一次：成功不是靠選對股票。道瓊工業股價指數最早的三十支成分股，只有一支到 2009 年還在，那就是奇異公司（GE）。大部分公司都從指數中剔除、破產，或者被另一家公司收購。大多數公司最後的命運都如此。選對股票，抱牢直到老死，不是投資成功的魔法，除非你極其幸運。

可是，今天許多人卻有這種偏見。他們想要挑對股票，並且判斷如何和何時買它。有興趣的讀者，不妨參考《交易‧創造自己的聖盃》第二版第九章，當中詳細介紹了進場方面，你需要知道的每一件事情。

我談了通路突破、移動平均線、型態辨識、預測、波動突破、震盪指標等等，因為這麼多年來，許多不同的進場訊號被人發展出來。個中關鍵在於，你不可以認為它是交易中最重要的部分，因為它不是。我們已經證明，你可以用隨機進場的交易方式賺到錢。

🔍 選股迷思的成因

　　由於大部分人相信選股是賺錢的關鍵，我想和你談談那個迷思的成因。

1. 依據規章，共同基金必須百分之百投資。此外，它們的工作不是賺錢，而是表現超越市場，可是大部分基金卻做不到。它們贏不了市場，因為它們通常投資於標竿指數（例如 S&P 500），並以為你管錢為由，向你收費。
2. 如果你必須百分之百投資，就不能真正執行部位規模設定或者適當的風險控制。即使資產配置（實際上就是部

放手讓獲利愈滾愈大

位規模設定）也必須決定在特定的時間投資哪些資產。

3. 順便一提，共同基金不是依績效敘酬。它們是依管理的資產數量計酬。換句話說，它們把你的錢拿過去，就有錢可賺。

4. 市場上漲的時候，大多數基金賺錢，大部分人會因為稍微富有而高興。基金經理人會上 CNBC，大談特談他們喜歡什麼股票。

5. 市場下跌時，大部分基金賠錢。

6. 大部分人不了解一流的交易員棄共同基金而去，當上對沖基金經理人，如此才能真正進場交易。他們做的事，和選股沒什麼關係，主要是迅速認賠出場、放手讓獲利愈滾愈大，以及執行適當的部位規模設定，以達成他們的目標。

出場是獲利的關鍵

前面說過，我決定向自己證明，靠隨機進場可以賺到錢。當你採用隨機進場法，那就需要放棄特殊的型態和進場優勢所能給你的任何好處。你唯一能賺錢的方式，是偶爾抓到強勁的趨勢，確保你的損失不致過大，並且執行適當的部位規模設定。

出場如何能夠幫助你抓住強勁的趨勢？在隨機進場系統中，當你出場，你會再做一筆交易，又損失 100 美元的滑價和手續費。因此，你會希望你的初始出場點夠大，確保你不會很常出場。在此同時，你不會希望進入方向錯誤的趨勢，因為這會造成龐大的虧損。所以說，隨機進場系統要運作得好，我需要一個夠大的初始停損點，在市場只是製造隨機性的雜訊波動或者橫盤移動時，讓我繼續待在場內。我選擇在20日波動幅度或者平均真實區間的三倍處出場。

我凡事喜歡簡單，所以把認賠出場（abort exit）和獲利出場（profit-taking exit）設得很像。我採取落後設定停損點法，把它設在收盤價的 20 日平均真實區間三倍處。因此，如果價格走勢對我有利，落後停損點也是，而如果波動幅度縮小，停損點也會往對我有利的方向走。停損點只往對我有利的方向走，絕對不會對我不利。

由於這個出場點，我能在橫盤市場待上很長的時間，

不致停損出場。如果我反趨勢進場，很快就會停損，並且期待隨機進場會再次往趨勢的方向切入。而且，如果我運氣夠好，往趨勢的方向進入，停損點會讓我待在趨勢裡很長的時間，就是這麼容易。有了這個簡單的出場點，隨機進場系統便能遵循交易的黃金守則（迅速認賠停損和放手讓利潤愈滾愈大），因此總的來說，能夠賺到錢。

你需要知道的第一種出場點是認賠出場。這種出場方式，定義了你的初始風險，也就是我所說的1R。

事實上，初始出場點有兩種：窄的（1R很小）和寬的（1R很大）。每種出場點各有利弊。寬出場點能夠長時間留著交易不動，給它機會對你有利。因此，如果你喜歡做對，寬出場點的機會高些。這方面的例子包括前面所提，隨機進場系統的三倍波動幅度出場，以及25%拉回出場（對股票來說，這個出場點的效果很好）。如果你想要盡可能買進後抱牢股票，只要將25%的落後停損點當出場點，隨著股價創新高往上調整就行。

另外一種初始出場點是窄出場點，把1R定義為非常小的數值。如果你希望做對，一定不想利用這種出場點，因為停損出場的次數會很多。但如果你想要很大的R倍數利得，初始出場點窄有它的一些優點。

舉個例子來說明。假設一支股票強力突破盤整區時，你在50美元的價位買進。如果你把停損點設在盤整區下面，比方說是45美元，那麼你交易正確的次數可能很多。但如果股

價上漲 10 美元，你的獲利只是風險的兩倍，也就是2R。

　　再假設你把停損點設在 49 美元，也就是距買點 1 美元的地方。如果走勢背後的力量很強，這支股票應該漲個不停，你不會停損出場。此外，如果股價上漲 10 美元，你的獲利將是10R，或者初始風險的10倍。

停損點跟得緊，1R會變小。

　　事實上，你可能連續三次停損出場，發生 1R 的虧損，然後賺得10R的利潤。你做對的次數只占25%，但總利潤為7R。

　　這時，你可能這麼想：「沒錯，你賺了7R，但你一開始冒很小的風險。」這就是部位規模設定派上用場的地方。如果你每筆交易都冒帳戶 1% 的風險，那會怎麼樣？如果你賺了 7R，那麼不管一個單位的 R 有多大或者多小，你都會賺約7%。

在初始停損點之外出場

為你的系統設計出場點時，要考慮的關鍵事情之一，是出場的目的。出場的目的可能有四個：

1. 實現損失，但減低初始風險。
2. 利潤極大化。
3. 避免吐回太多利潤。
4. 心理因素。

我不談上面所說的每一種出場原因，而想聚焦在一個特定的目標，告訴你如何利用出場，達成那個目標。假設你的目標是追隨趨勢，能追隨多久，就追隨多久。你需要有個相當寬的初始停損點，才不會一進場，就被沖洗出場。你也希望給許多空間，讓那個部位去動。最後，一旦你到了 4R 的目標，你會想要盡可能留住利潤。請注意這些目標，和你對市場持有的一套特定信念如何搭配。你的系統總是必須符合你對市場持有的信念，否則就沒辦法去交易。

為了達成你的初始目標，你需要一個寬停損點。假設你挑的是我前面說的，我的隨機進場系統所用的 20 日波動幅度的三倍。這會給你很大的空間，確保市場的隨機噪音不致使你軋平部位。

第二，你會想在部位上漲的時候，給它很大的波動空

間。同樣的，你只要落後移動三倍於波動幅度的停損點，以達成目標就行。因此，股價每次創新高，你的停損點就亦步亦趨，往上移動。

第三，一旦你達到4R，你不會想把太多的利潤吐回去。因此，當目標達成，你決定將停損點從波動幅度的 3 倍縮減為波動幅度的 1.6 倍，就是這麼簡單。這個時候，你最糟的狀況，不過是市場立即回檔，停損出場。不過，你的新停損點現在可能只是 0.5R 左右，因此，如果你立即停損出場，還有約 3.5R 的獲利。市場當然可能繼續上漲，你也給了自己獲得 10R 或更多利潤的機會。

有些出場點幫你將獲利極大化。

所有這些停損點都很簡單。會提到它們，只是因為你可能想用這類停損，以達成既定的目標。不需要做測試，所以不會過度樂觀。這裡也不必用到火箭科學。要達成目標，它們是合情合理的做法。它們也很簡單。請注意你也有三個不同的出場點，但任一時候，只啟用一個：最接近市場價格的那一個。

如果你想要嫻熟交易系統的出場點，那就必須學習可用的各種不同的出場點。請注意每一種出場點設計的目的是要做到什麼。然後，當你決定你的系統如何運作，你會發現，要發展符合目標的出場點，易如反掌。

不要忘了，設計交易系統的真正目的，是發展能在一、兩個市場類型中運作得不錯的系統。這事做起來相當容易。大部分人犯的錯誤，是想將一個系統套用到好幾個市場類型中；你不必那麼做的。

從報酬和風險的角度思考

良好交易的主要守則之一，是進場交易之前，一定要設好出場點。這是這筆交易最糟情況下的風險。到了這一點，你會說：「這筆交易出了差錯，我得出場以求保本。」

大部分精明的交易人都有自己喜歡的某種出場標準。不過，如果你是股票市場的新手，不知道怎麼做，我建議取進場價格的 75%。也就是，如果你在 40 美元買一支股票，則在它跌到 30 美元或更低時出場。如果你是期貨交易人，不妨計算過去 20 天的平均真實區間，然後乘以三。期貨合約跌到那個水準時，你必須軋平部位。

你的初始停損點定義了你的初始風險。拿上面的 40 美元股票為說，你的初始風險是每筆交易 10 美元，我稱這為 1R 風險，其中 R 代表風險（risk）。如果你知道自己的初始風險，就能以初始風險表示所有的交易結果。

假設你的初始風險是每筆交易 10 美元，後來每股獲利 40 美元，那麼你的利得是 4R。如果你每股損失 15 美元，則有 1.5R 的虧損。如果走勢突然之間對你不利，而且幅度很大，那麼，虧損高於 1R 是有可能發生的。

再來多看一些例子。如果這支股票漲到 110 美元，以 R 來表示，你的利潤是多少？你的利潤是 100 美元，初始風險是 10 美元，所以你的獲利是 10R。這很有意思，因為投資組

合經理人喜歡談十倍股（10-baggers）。所謂十倍股，以他們的意思來說，就是每股 10 美元買進的股票漲到 100 美元，也就是一支股票的價格漲為十倍。不過，我覺得獲利 10R 是比較有用的思考方式，在達成上也容易得多。

當我們的 1R 損失是每股 10 美元，這支股票必須上漲 100 美元，才有 10R 的利得。不過，要達成投資組合經理人的十倍股定義，它必須上漲為你買進價格的十倍，也就是從每股 40 美元漲到 400 美元才行。你的初始風險為 10 美元，360 美元的利得用 R 倍數來表示是多少？沒錯，利得是 36R。

來做個練習：拿你去年所有的已軋平交易，以 R 倍數來表示。你的初始風險是多少？你的總利得和總損失是多少？每一筆獲利或者損失相對於初始風險的比率是多少？如果你沒有設定去年交易的初始風險，那就改用平均虧損做為初始風險的粗估值。

我們來看看十筆交易可以如何用初始風險的比率來表示。我們有三筆虧損數字：567、1,333 和 454 美元。平均虧損是 785.67 美元，所以我們假設這是初始風險。（但願你知道自己的初始風險，如此就不必使用平均虧損數字。）我們計算的比率是交易系統的 R 倍數。相關資訊如表 3-1 所示。

當你的交易系統有個完整的 R 倍數分布，你可以用它來做很多事。你可以計算平均 R 倍數。平均 R 倍數就是我所說的期望值，它告訴你：可以期望你的系統在多筆交易之後，平均給你什麼樣的 R 倍數。

表3-1 以R倍數表示獲利或損失

部位	獲利或損失	R 倍數
1	$678	0.86R
2	$3,456	4.40R
3	($567)	−0.72R
4	$342	0.44R
5	$1,234	1.57R
6	$888	1.13R
7	($1,333)	−1.70R
8	($454)	−0.58R

「平均R倍數就是期望值」

　　雖然我建議至少要有三十筆交易，才試著確定 R 倍數的特性，我們還是要利用表中的八筆交易來做這件事。它們的平均 R 倍數是 0.68R。這告訴你什麼？

期望值告訴你，每筆交易你將平均獲利 0.68R。因此，100 筆交易你將獲利約 68R。

標準差告訴你，可以預期系統的表現將有多大的變異。在我們的樣本中，標準差是 1.86R。一般來說，你可以用期望值相對於標準差的比率，確定系統的品質。我們的小樣本，比率是 0.36，很好的一個數字。我預期在 100 筆左右的交易之後，這個比率會縮小很多；不過，如果它保持在 0.25 以上，我們的系統是可以接受的。

💡 最重要任務之一：及時了解交易的 R 倍數

要及時追蹤交易系統的 R 倍數和它的期望值，一個最簡單的方法，是每天計算它們。做一份每日電子試算表，記下一些簡單的資訊。你只需要五個基本欄位：

1. 識別欄（是什麼交易，以及何時買進）。
2. 你的進場風險（進場價格與初始停損點之差，乘以購買股數）。
3. 多少股
4. 賣出股票的總利得或損失（是的，可扣除手續費）。
5. R 倍數（第 4 欄除以第 2 欄）。

你也許想要加進其他的欄位，例如進場價格、作多或者放空、出場價格，以及這筆交易所冒的風險百分率。不過，要算出交易的 R 倍數和期望值，這些欄位不是十分重要。我們把 R 倍數整理在表 3-3。

做這種練習，可以得到重要的資訊。首先，你不得不把初始停損點寫下來和知道你的初始停損點。單單這個練習，就有替你省錢的作用。它會強迫你設定停損點，並且讓你知道，你有沒有在注意它。如果你大部分的虧損低於 1R，那表示你有在注意。如果大部分的虧損高於 1R，那就表示你沒在注意停損點，或者交易的是波動很大的工具，不可能期望在

那些停損水準出場。

這個練習強迫你做的第二件事，是以最簡單的方式，定義每一筆交易的 1R 是多少。你得問自己：「這筆交易，最糟情況下的總風險是多少？」並把答案寫在紙上。這個值同樣是進場價格減去停損價格，再乘以買進的總股數。這裡的 1R 和部位規模設定產生了混淆，但它是有賺也有賠，部位規模設定則將它們抵消掉。

第三，這個練習強迫你計算每一筆交易的 R 倍數。當你軋平交易，需要拿它和初始風險比較。它比初始風險大還是小，以及大多少或者小多少？這個資訊非常寶貴。

第四，這個過程強迫你開始思考你所做每筆交易的報酬對風險比率。你會開始知道，除非潛在報酬是所面臨潛在風險的至少三倍，否則不該進場交易。

第五，這個練習提供一種簡便的方式，可以不斷計算你所用系統的期望值。只要把所有交易的 R 倍數加起來，除以交易筆數，得到的值就是你所用系統的目前期望值。做這個練習，你會知道自己每一天位於何處。你會知道自己所用系統的期望值——每筆交易相對於初始風險的平均獲利或損失是多少，以及知道為什麼它會變化。

比方說，我曾經請一位客戶把他的搶短線交易試算表寄給我。如表3-2所示，他的交易，顯然不是他說的那個樣子。例如，他說他的系統是 60% 系統，買 1,000 股，每股冒幾美分的風險，好從那 1,000 股，每股獲利幾美分。換句話說，這

個 60% 系統的獲利和虧損都是 1R。從他不知道 R 倍數的分布情形（大部分交易人也不知道），可以知道這是很重要的一個練習。雖然他說得沒錯，他的系統 60% 的時候正確，R 倍數方面卻錯了。他有一半的利潤來自一筆交易（交易 7）。雖然這個樣本只有 40 筆交易，但我想，他的所有交易正是如此。

他的交易有另一個有趣的層面，是連續虧損四次，而且全是 1.5R 或更高。他也有八次交易中虧損六次的紀錄。就算系統的可靠度達 60%，這是許多人交易時可能必須面對的，另一種叫人討厭的可能性。

此外，他有許多高達 2R 或更高的虧損。我想，出現那麼多次那麼大的虧損，一定是心理面錯誤造成的。消除那些錯誤，是做好交易很重要的一件事。

表3-2 一組搶短線交易

					交易			
	代碼	策略	數量	價格	初始風險	利得/損失	R倍數	獲利%
1	XCIT	放空	400	44.375	100	550.00	5.50	1.000
2	XCIT	放空	400	40.688	100	125.00	1.25	1.000
3	XCIT	放空	400	40.188	100	400.00	4.00	1.000
4	XCIT	放空	400	40.375	100	200.00	2.00	1.000
5	XCIT	放空	400	34.500	100	275.00	2.75	1.000
6	XCIT	作多	500	35.500	125	**−156.25**	**−1.25**	0.833
7	XCIT	放空	500	28.500	125	1906.25	15.25	0.857
8	XCIT	放空	500	30.125	125	**−531.25**	**−4.25**	0.750
9	XCIT	放空	500	26.625	125	**−125.00**	**−1.00**	0.667
10	XCIT	放空	300	23.563	75	150.00	2.00	0.700

表3-2　一組搶短線交易（續）

	代碼	策略	數量	價格	初始風險	利得/損失	R倍數	獲利%
						交易		
11	XCIT	作多	400	28.000	100	125.00	1.25	0.727
12	XCIT	作多	400	30.000	100	**−450.00**	**−4.50**	0.667
13	XCIT	作多	961	26.297	240.25	480.50	2.00	0.692
14	XCIT	放空	400	27.625	100	**−200.00**	**−2.00**	0.643
15	XCIT	作多	1000	27.813	250	**−62.50**	**−0.25**	0.600
16	XCIT	作多	300	41.906	75	**−121.88**	**−1.63**	0.563
17	XCIT	放空	500	40.625	125	31.25	0.25	0.588
18	XCIT	放空	500	42.000	125	**−31.25**	**−0.25**	0.556
19	XCIT	放空	300	37.563	75	0.00	0.00	0.526
20	XCIT	放空	500	38.496	125	**−60.55**	**−0.48**	0.500
21	XCIT	放空	300	35.125	75	9.38	0.13	0.524
22	XCIT	放空	300	34.000	75	412.50	5.50	0.545
23	XCIT	放空	300	33.250	75	**−93.75**	**−1.25**	0.522
24	XCIT	作多	300	37.875	75	**−37.50**	**−0.50**	0.500
25	XCIT	作多	400	29.188	100	175.00	1.75	0.520
26	XCIT	作多	400	28.313	100	200.00	2.00	0.538
27	XCIT	作多	400	29.484	100	**−193.75**	**−1.94**	0.519
28	XCIT	作多	400	31.188	100	**−200.00**	**−2.00**	0.500
29	XCIT	放空	100	35.063	25	**−37.50**	**−1.50**	0.483
30	XCIT	作多	400	33.813	100	**−200.00**	**−2.00**	0.467
31	XCIT	作多	400	33.000	100	75.00	0.75	0.484
32	XCIT	放空	500	34.063	125	125.00	1.00	0.500
33	XCIT	作多	500	35.625	125	125.00	1.00	0.515
34	XCIT	放空	500	35.125	125	156.25	1.25	0.529
35	XCIT	作多	500	35.563	125	187.50	1.50	0.543
36	XCIT	放空	500	33.875	125	281.25	2.25	0.556
37	XCIT	放空	600	32.188	150	262.50	1.75	0.568

表3-2　一組搶短線交易（續）

	代碼	策略	數量	價格	交易 初始風險	利得/損失	R倍數	獲利%
38	XCIT	放空	450	34.000	112.5	84.38	0.75	0.579
39	XCIT	作多	600	34.125	150	150.00	1.00	0.590
40	XCIT	放空	500	33.184	125	**–169.92**	**–1.36**	0.575
期望值						**3815.66**	**0.75**	
總獲利/損失								

表3-3　排序後的R倍數

R倍數
排序後
–4.50
–4.25
–2.00
–2.00
–2.00
–1.94
–1.63
–1.50
–1.36
–1.25
–1.25
–1.00
–0.50
–0.48
–0.25
–0.25

表3-3　排序後的R倍數

R倍數
排序後
0.00
0.00
0.13
0.25
0.75
0.75
1.00
1.00
1.00
1.25
1.25
1.25
1.50
1.75
1.75
2.00
2.00
2.00
2.00
2.25
2.75
4.00
5.50
5.50
15.25
0.75

你可以把所有這些 R 倍數送進模擬程式，例如我的「大師交易遊戲的祕密」（Secrets of the Masters Trading Game）裡面的那個，開始模擬真正的交易會是什麼樣子。做這件事可以給你很多資訊，曉得交易這套系統會是什麼樣子。

練習

做一張和表3-2類似的表格。對你所做的每一筆交易，寫下最糟狀況下的風險：如果停損出場，你會虧損多少？這個數字，定義了你的 1R。當你賣出部位，寫下你的總利潤或者損失。拿這個數字除以1R，便得到那筆交易的R倍數。

持續不斷加總 R 倍數，並且除以交易次數。這樣便能一直得到你所用系統的期望值。請注意每一筆交易是如何影響它的。

總的來說，我建議你蒐集 100 到 200 筆像這樣的交易資料。到那個時候，你會對系統的期望值有個不錯的概念。此外，對於系統的 R 倍數分布，你會有一幅相當準確的畫面，所以能夠模擬它。不要忘了注意市場類型，只在你系統設計使用的市場類型中交易。

優良交易系統的六個關鍵

　　大部分人在學習如何交易的時候，總會接觸到許多錯誤的資訊，好像有個情報機關，老在發假情報，好讓一般人賺不到錢似的。因此，了解優良交易的六個因素十分重要。

1. **可靠性**。你賺錢次數的百分率是多少？大部分人強調這一點。他們希望每一筆交易都對，因為他們在學校學到，70%或更低就算失敗。但是，你有可能只對30%，仍然賺到不少錢。

2. **你的獲利相對於虧損的大小**。我們談過，用 R 倍數來思考你所做的交易。你當然希望虧損是 1R 或者更低，獲利則是好幾倍的 R。這是交易的基本黃金守則：迅速忍痛認賠停損，以及放手讓你的獲利愈滾愈大。這是成功的關鍵之一，但大部分人卻很難做到。

3. **交易成本**。我剛開始交易的時候，每次進出市場約需 65 美元。交易成本高得嚇人。現在你進出市場，每股最低只需花 1 美分。不過，交投活絡的帳戶，交易成本還是有可能愈積愈高。幾年前，我交易得十分積極，一年賺了約 30%，卻發現交易成本加起來比獲利還高。因此，就算今天的交易成本已便宜許多，累積起來的得金額還是相當可觀。

4. **交易機會**。比方說，如果你能每筆交易平均獲利 1R，而且每年做 50 筆交易，那麼你會賺 50R。但如果你做 500 筆交易，就會賺到 500R。

5. **交易資金的多寡**。如果你的帳戶金額很少，那會很難賺到可觀的報酬，但如果你的帳戶金額不少，賺取可觀的報酬便會容易許多。有些帳戶太小，小到不適合交易。反之亦然。當你的帳戶金額太大，大到只因為進出市場就影響市場，想要賺取可觀的報酬便會困難許多。

6. **部位規模設定**。部位規模設定告訴你，一筆交易執行的過程中應該有「多少」。這件事可能占你的績效變異的 90%；由此可見它有多重要。

大部分人希望大部分時候都做對。但你可能 99% 的時候對，卻仍然會因為下列任何一種情境而被沖洗出場：

1. 你缺乏足夠的錢去交易，於是你做錯的那一次，害你賠個淨光。

2. 你的部位規模設定太大，於是你做錯的那一次，害你賠個淨光。

3. 一次的虧損很大（不管部位規模設定如何），所有的獲利一掃而空（也許你設了很小的停損點，但虧損高達 100R）。

成功的共同要素

　　大部分人並不知道，任一時間，四、五個人可能建立多頭部位，而另外四、五個人可能放空或者軋平部位。他們每個人都有不同的系統和不同的想法，而且所有的人都能獲利。他們對市場也許持有不同的想法，卻會拿那個想法去交易，因為他們已經研判那是低風險的想法。低風險想法（low-risk idea）是指期望值為正，在某個部位規模設定水準交易，短期內可以度過最糟的意外，卻能實現長期期望值的想法。我們或許可以補上一句：這種想法只在它們設計使用的市場類型中交易，才是低風險的想法。

　　所有的交易人利用如下所述，具備十種共同特性的系統，都能獲利，即使他們用的是不同的概念、不同的系統，以及某些人在同一部位站在不同的一邊。

1. 他們都有經過測試的正期望值系統，已經證明在這些系統設計使用的市場類型中能夠獲利。我們談過那是如何做到的。
2. 他們都有適合自己和本身信念的系統。他們知道，是靠自己的系統獲利，因為系統適合他們。
3. 他們十分清楚自己正在交易的概念是什麼，以及那些概念如何產生低風險的想法。

4. 他們都知道，當他們進場交易，心裡必須有個底，曉得何時錯了，斷然出場。這為他們決定了 1R。前面討論過這件事。

5. 他們都會評估所做每筆交易的報酬對風險比。對機械型交易人來說，這是他們所用系統的一部分。對隨興型交易人來說，這是他們交易前評估程序的一部分。

你能開始看出這五項特質將如何開啟成功大門嗎？不過，另外還有五項特質一樣重要，有時甚至比剛提到的還重要。在我們繼續討論之前，請重讀前面各節，看看你能不能說出後面這些特質到底是什麼。

6. 他們都有事業經營計畫，引導他們交易。多年來，我一直在談這個計畫的重要性。大部分公司都有資金募集計畫，但你需要一個計畫，幫助你將交易視為一項事業。

7. 他們都用到部位規模設定。他們把明確的目標寫下來，而大部分交易人／投資人沒這麼做。他們也了解部位規模設定是達成那些目標的關鍵，並且寫出部位規模設定演算式，以達成那些目標。稍後我們會討論這一點。

8. 他們都了解績效取決於個人心理，而且花很多時間改善自我。這是我多年來一直鑽研的重點領域：教導交易人成為高效率的決策者，而不是無效率的決策者。

9. 他們對自己得到的結果，負起全部的責任。他們不怪罪別人或者其他的事情。他們不為眼前的結果自圓其說。

他們不為得到的結果感到內疚或者羞愧。他們很單純地相信，結果是自己造成的，而且消除錯誤，可以得到更好的結果。

10. 這又帶出第十個關鍵特質：了解不遵循你的系統和事業經營計畫守則是個錯誤，我們發現，一般的錯誤能使人付出多達 4R 的代價。此外，就算你一個月只犯一次錯誤，還是會使本來可以獲利的系統變成一場災難。因此，成為高效率決策者的關鍵，是消除這些錯誤。

執行市場研究時，最缺乏建設性的事情之一，是說「行不通」。我常交代客戶做一些研究，告訴他們，有個很優秀的領域，值得去研究一下。也許四個月後再看到他們，卻發現他們做的是完全不一樣的東西。當我問起要他們做的研究，答覆通常是「行不通」。

那個答覆，把具有建設性的研究完全關在門外，好像這個領域根本欠缺潛力似的。遠比這個要好的答覆是：「因為……，所以行不通。」這種答覆，說明了為什麼行不通，

根本沒輒

「行不通」心態

甚至可能點出可行的替代性做法。

　　來舉幾個例子，說明這種心態如何被人用來封閉很有建設性的研究領域。

　　我有位客戶，提出了我認為很具建設性的獲利出場方法。出場點先是設得很寬的停損點，而且只要市場的走勢很強，停損點繼續放在很寬的位置。但當市場開始走平或者當漲勢開始減緩，停損點會緊縮許多。

　　淨結果是：很少吐回太多獲利。這聽起來不是很優秀嗎？我想是的，尤其是因為如果市場又開始動起來，他的系統總會發出再進場的訊號。不過，大約九個月後，這位交易人發生賠損。我問他的停損點表現如何，他說，已經捨棄不用。我問為什麼，他的答覆是：「當我加進部位規模設定，它就不管用了。」他沒解釋為什麼，而如果解釋的話，也許可以找出替代方案。相反地，他只說「行不通」，然後就把它丟到腦後。

　　我曾和另一名客戶共同發展優良的系統。我們討論了高R倍數交易法。他告訴我，他有個型態，可用在我所說的情境中。他是這麼想的：這個型態對他發出訊號，產生的利潤約為所冒風險的五倍。此外，他認為，這個訊號產生利潤的機會約為 40 到 50%。我覺得這個訊號聽起來很優秀，建議一段時間內，只聽這個訊號行事。此外，他說要研究這個訊號的確切參數，然後每天傳電子郵件給我。結果呢？他不但不曾依照這樣的訊號行事，還停止寄電子郵件給我，理由是

這個訊號行不通。我請他把資料寄給我，告訴我為什麼行不通。他答說，得找時間整理一下，但先別吵他。「畢竟，」他說，「我已經告訴你，它行不通。」

本來可能是一個很優秀的想法，再次被「行不通」三個字給毀了。

這只是我能想到的幾十個例子裡面的兩個，而它們每一個都說明一個要點：你思考一件事情的方式，可以完全改變你和某個想法的關係。據說愛迪生失敗了一萬次，才發明能發亮的燈泡。他可以在任何一次失敗後說「行不通」，但那幾個字阻止不了他。相反地，他會研究為什麼原來的方法行不通，並且利用那方面的資訊，尋找另一個好點子。他絕對不會說「行不通！」而永遠放棄某個點子。

知道何時行不通

當你有某個系統或構想，你必須知道它什麼時候真的行不通。這是你認為某個好想法行不通，所以放棄它的合理延伸。當你對某樣東西研究得相當深入，知道 (1) 你沒得到想要的績效，以及 (2) 你沒得到那個績效的原因，那麼你已經往知道某樣東西行不通，跨出重要的一步。一般來說，知道為什麼某樣東西行不通，可以給你重要的知識，曉得接下來要追求什麼。

拿最大不利變動幅度（maximum adverse excursion，簡稱 MAE）這個觀念來說。這個觀念是指賠錢的交易沒有對我們

太過不利。於是你想要限制停損點，但當你試著將它用到你的交易，你可能遭遇一些問題。獲利的確增加一些，但和加進 MAE 的複雜性相比，對你來說也許沒那麼顯著。MAE 行不通，是因為 (1) 有些賠錢的交易在 MAE 出場，其實如果用更大的停損點，給它更大的空間，它們認賠出場的虧損本來可低很多，以及 (2) 有些 R 倍數大的賺錢交易被砍掉，結果發生虧損。由於不允許再進場，那些賺大錢的交易不曾實現。這兩個理由抵消了那些賺錢交易提高潛在 R 倍數的效果。

你可能接受這個概念，並且知道你要它做什麼。如果它行不通，你會知道原因為何。這很好。

不過，你也能借用「失敗」的理由，做為下一個研究構想的合理踏腳石。比方說，我注意到，在大 R 倍數被砍掉的少數例子中，再進場訊號十之八九總會抓住它們。當你執行交易研究，並且確定為什麼某樣事情行不通，總是會得到一個理由。那個理由可能指向一些領域，你在那裡可以得到獲利高出許多的結果。

交易的實況查核

我在無數的領域，包括交易程序、系統設計、了解和使用部位規模設定，以及發展個人財富等，建立了成功模型，卻也常見到人幾乎傾向做錯所有的事情。好像我們生到這個世界，是要確定有多少方式，能把生活弄亂似的。發生虧損，你如何回應？你是不是對自己的交易，做過模擬？你是不是真的下工夫改善自我，並且確定你就是那樣的人？對於

你是怎麼騙自己的？

對你的交易進行實況查核

你的交易和你自己，你做過什麼樣的決定？

　　來看個簡單的例子。本書讀到這裡，就你所知，對於如何改善你的交易，你應該有很多想法才是。是不是有什麼好理由，可以不花一個月（或者六個月）的時間，發展一套良好的事業經營計畫，並且執行其中的許多觀念？當然沒有這樣的理由，那麼是什麼事情使你止步？

　　如果你沒有立即覺得迫切需要做這件事，那麼是該花點時間，做點小小的家庭功課，察覺你的自取其敗型態和藉口。希望你能坐下來，針對「如果我的交易和我自己沒有發生切實有效的變化，我想告訴自己的事」，寫下幾句話。誠實面對自己，你常用的藉口是什麼？

　　一個可能的藉口是：「情況十分危急。錢快用光了，現在得做點事情才行。我真的不想回去工作，所以現在必須賺點錢。因此，我真的沒時間擬定合適的事業經營計畫。我必須趕緊投入市場，動手交易。」

　　你也會有一些行為型態、為自己的失敗或者沒做某些事找託辭、你如何會是現在這個樣子找藉口等等。到底為什麼？你可能這麼開始自圓其說：「讀過薩普博士關於超級交易人的書，我的交易沒出現切實有效的變化，因為……。」或者，你的故事可能更糟：「為了改進交易而買了二十本書，卻沒看過任何一本，因為……。」

　　你也許因為沒有擬定計畫，或甚至不確定自己需要做什麼，而自取其敗。不過，在做這項練習的三十分鐘內，給

自己一個機會，坦白面對自己。你知道，你會為了沒有進步而騙自己。把這個練習視為一項測驗，確定你是怎麼騙自己的。你能誠實作答，說出實話嗎？或者為你的藉口和失敗自圓其說比較重要？

動手去做吧。現在就花三十到六十分鐘，開始寫下你的藉口。

你寫了什麼？如果你肯說實話，你會為自己受到的限制找藉口。你寫下的句子，可能包含許多主要的想法和信念，你用它們來傷害自己嘗試的幾乎每一件事。你對自己愈坦白，這個練習對你愈有價值。

💡信心能給你什麼？

我收到客戶寫來的電子郵件：

> 樊恩‧薩普敬啟：
>
> 過度自信為我帶來了交易的難題。我發現，如果沒有足夠的自信，我就沒辦法交易得很大或者交易成功。但當我信心最強，也就是所有的焦慮都不見的時候，卻往往發生最大的損失。一名交易人要如何保有健康的焦慮水準，同時有足夠的自信去「做大」？
>
> 某某敬上

首先，你必須認識自己。這可不是一小步。大部分人不願意進入自己的內心去探索，因為害怕可能發現的事情。於是他們只說：「我已經認識自己。」但如果你擁有無限的潛

**做好所有這些步驟，
你的交易會繁花盛開。**

能，卻因為不肯探討和規範自己，以致不知該如何充分發揮你的潛能呢？

　　一旦你認識自己，就能設定游刃有餘的目標，以及真正適合你的交易系統。這是滿懷信心，拿你的系統去交易的一部分。

　　且讓我問你一些問題。它們是擁有適合你的系統，需要問的問題：

- 你已經把你對大局的信念寫了下來，而且你的交易系統符合這個大局？
- 你已經把你對市場的信念寫了下來（什麼行得通，以及什麼行不通），而且你的系統符合這些信念嗎？
- 你已經把你對交易系統每一部分的信念寫了下來，而且你的系統符合這些信念嗎？
- 你的目標清晰，而且你設計了能夠達成目標的部位規模設定演算式嗎？
- 你知道你的系統在什麼市場類型行得通，以及什麼時候行不通嗎？

　　大體而言，如果你的交易系統符合所有這些標準，你用它去交易會滿懷信心。如果不然，你需要回答更多的問題。

- 你對交易系統懷有信心的標準是什麼？
- 你是不是了解你的系統在六種市場類型中將有什麼樣的表現？（稍後將談這一點）我指的不單是它的平均績

效，還要看統計上的離群值（亦即距平均值兩個標準差）。你能接受嗎？而且如果你的系統表現遠優於平均值，你是否曉得和理解低於平均值的表現通常會接踵而至？

◆ 你有最糟情況下的應變計畫嗎？你曉得要如何防止大部分的可能災難害你賠個精光嗎？這是談到信心時很重要的一部分。如果你沒有，那就不應該交易。

◆ 最後，你是不是有一套日常的例行作業程序，讓你一直走在正軌上？設計這些作業程序的目的是 (1) 用來律己，以及更重要，(2) 防止錯誤發生，或者至少防止你重蹈覆轍。本書最後一部分會討論這樣一個作業程序。

交易真的是一個事業。大部分事業會失敗，是因為缺乏計畫。請把交易視為事業，不是嗜好。如果你沒做這些事情，大體而言，你會在一連串賺錢交易的最後，信心達到最高，然後發生最大的虧損。如果你做了這些事情，你會了解，對你和你的績效來說，大局勢的一致性會遠高於從前，也更令人振奮。

我看過一些大型交易組織，並沒有要求它們的交易員注意上面所說的許多要點。它們大多表現差勁，或者最後失敗了。我也曾經指導其中一些組織（以及許多個人）要注意這些事情。一旦他們做到了，交易通常便可圈可點。你呢？

Part 4

了解部位規模設定的重要性

系統品質與部位規模設定

部位規模設定的目的是什麼？它是你的系統中，用來達成目標的部分。你可能擁有世界上最好的系統（例如 95% 的時候賺錢，而且平均獲利金額是平均虧損金額的兩倍），最後卻依然破產，因為你把 100% 的錢拿去押在一筆賠錢的交易上。這就是部位規模設定的問題。

建立系統的目的，是確保你能透過部位規模設定，輕而易舉達成你的目標。觀察系統產生的 R 倍數分配期望值對標準差之比，你通常可以知道：利用部位規模設定，達成你的目標有多容易。表 4-1 提供了大略的指南。

差勁的系統也可能達成你的目標，但系統愈差勁，你做起事來就愈困難。不過，有了聖杯（Holy Grail）系統，你會發現連極端的目標也很容易達成。

表 4-1　系統品質評量標準

R 的期望值對標準差之比	系統品質
0.16–0.19	差，但可交易
0.20–0.24	可
0.25–0.29	良
0.30–0.50	優
0.50–0.69	特優
0.70 或更高	聖杯

你的系統當然還有另一個重要的變數：它產生的交易數目。比率為 0.75 的系統，一年產生一筆交易，這不是聖杯系統，因為它沒給你夠多的機會。但比率為 0.5 的系統，每個月產生二十筆交易，則是聖杯系統，部分原因在於它給你更多的賺錢機會。

我發展出一種專用的量數，稱為系統品質數字（System Quality Number；SQN™），考慮交易筆數。研究這個概念時，我們觀察到幾件重要的事情：

很難找到一個系統，平均 R 值對 R 值標準差之比高達 0.7。比方說，如果我有個系統的比率是 0.4，並且為它加進 30R 的贏家，淨結果是 R 的標準差上升得比平均值要多，所以比率下降。聖杯系統需要的是數量龐大的贏家，以及賺的錢和賠的錢變異很小。

如果把一個系統限制在某一市場類型，要發展落在聖杯區間的東西，並不是那麼難。但務請記住，只有在那個市場類型（例如平靜無波的多頭市場），它才是聖杯級的系統。

你需要了解你的系統在不同的市場類型如何運作，而且只在它設計使用的那種市場運用它。這句話道盡了發展系統的很多事情，也回應我先前所說的話。大部分人在設計系統時犯的相同錯誤，是想尋找在所有的市場狀況都能運作的系統。這是瘋狂的想法。相反地，你應該為每一種市場，發展接近聖杯層級的不同系統。

我收到某人寄來的報告。這個人在 2008 年 7 月 28 日到 10 月 12 日之間交易貨幣。這段期間，大部分人都賠了很多錢。根據他的計算，他的系統期望值和標準差之比為 1.5，是我所說聖杯的兩倍之高。他一了解自己的系統有多好，便開始在只有聖杯系統能夠接受的水準，執行部位規模設定。

表 4-2 是他寄給我的未經稽查的結果。

我見過有人一年獲利 1,000%，卻不曾看過類似這樣的東西。如果他已經找到一個系統，能夠提供 R 期望值對 R 標準差之比為 1.53（如他寄給我的資料所說的），那麼我願意相信這有可能做到。但他可能有那樣的報酬，是因為他知道用這個系統，以及部位規模設定可以做什麼事。他每筆交易的曝險很大，大部分的交易人會因此破產。

我無從得知寄給我的資訊是否正確，我不去稽查交易帳戶，我的工作是指導交易人。那位交易人發這封電子郵件的目的，是要感謝他從我的建議得到的洞見。

表4-2　未經稽查的聖杯系統交易結果

曆日日數	107（15.3週）
期初帳戶淨值	$13,688.14
期末帳戶淨值	$2,234,472.78
總保證金水準	冒險金額（平均）＜帳戶淨值的30%
槓桿／損失規模	100:1／標準口數（standard lots）($100,000)
交易總筆數	103（1.305 標準口數）

表4-2 未經稽查的聖杯系統交易結果（續）

獲利交易總筆數	91（1,090標準口數）	
虧損交易總筆數	12（215標準口數）	
每週平均軋平交易筆數	6.7（每個交易日0.96筆）	
總獲利金額	$2,232,875.93	
總虧損金額	$12,091.29	
淨利得	$2,220,784.64（控制$130,500,000的貨幣，獲利1.70%）	
獲利交易所占%	88.3%（目標40%）	
虧損交易所占%	11.7%	
獲利交易平均規模	12.0 標準口數	
虧損交易平均規模	17.9 標準口數	
獲利交易的平均金額	$24,537.10/交易	$2,048.51/口
虧損交易的平均金額	$1,007.61/交易	$56.24/口

交易平均時間（曆日）──各已軋平交易中的部位加權平均，以及每筆交易加權平均的簡單平均值

獲利交易	3.66日
虧損交易	9.89日
獲利因子	184.7（目標：>3.0）
報酬對風險比（以每筆交易為準）	24.4（目標：>2.0）
年化投資報酬率（ROI）	55,344.1%
最大連續獲利筆數	32
最大連續虧損筆數	2
期望值／標準差比	1.53

平靜無波的多頭市場

部位規模設定比你想的重要

大部分人認為，投資出色的祕密，在於找到優異的公司，然後長期抱牢。把這件事做得很好的模範投資人當然是巴菲特。模範共同基金則是買進抱牢優異的投資，目標很簡單，就是贏過某個市場指數。如果市場下跌40%，而它們只跌39%，那麼它們表現得不錯。

留意學術界的動態，你會知道投資人最重要的課題是資產配置（asset allocation）。布林森（G. Brinson）和同事於1991年在《財務分析師期刊》（*Financial Analysts Journal*）發表研究報告，[1] 檢討 82 位投資組合經理人十年期間的績效，結果發現這些經理人有91%的績效變異，這是由資產配置決定的。他們把資產配置定義為「經理人擁有多少股票、債券和現金」。受影響的不是進場點或者他們擁有什麼股票，而是這個神秘的變數，他們稱之為資產配置，是以「多少」來定義。

我最近看了摩根士丹利全球財富管理集團（Morgan Stanley's Global Wealth Management Group）首席投資策略師大衛・達斯特（David Darst）寫的一本書，談資產配

---

[1] Gary Brinson, Brian Singer, and Gilbert Beebower, "Determinants of Portfolio Performance: II. An Update," *Financial Analysts Journal* 47: 40–49, May–June 1991.

置。❷ 這本書的背面，引用了 CNBC 的吉姆‧柯瑞默（Jim Cramer）的話：「且讓達斯特用淺顯易懂的英文，教我們了解資產配置。這是創造出色績效最重要的一件事。」你會因此認為這本書談了很多部位規模設定嗎？

在看達斯特的書時，我想問幾個問題：

- 他有把資產配置定義為部位規模設定嗎？
- 他有解釋（或甚至了解）為什麼資產配置那麼重要嗎？
- 甚至他有在書中提到部位規模設定（多少）嗎？

我發現這本書沒有定義資產配置，也沒有提到「多少」，或者為什麼資產配置這麼重要的任何相關解釋，甚至沒提到部位規模設定、多少、資金管理等主題。這本書談的是一個人可以投資的各類資產、每一類資產的潛在報酬和風險，以及可能改變那些因素的各種變數。在我看來，這證明了許多頂尖的專業人士不了解投資成功的最重要成分：部位規模設定。我不是為了說明自己的看法才挑這本書。我看過談資產配置的每一本書，對它們我有相同的評語。

世界上大部分的退休基金現在都套牢在共同基金。這些基金被要求拿 95% 到 100% 的資金去投資，即使遇到像 2000至 2002 年和 2008 年到現在那麼可怕的下跌市場也是一樣。那

---

❷ David Darst, *Mastering the Art of Asset Allocation: Comprehensive Approaches to Managing Risk and Optimizing Returns*. New York: McGraw-Hill, 2007.

些基金經理人相信資產配置是成功的祕密，卻不了解真正的祕密是在資產配置的「多少」層面。這是為什麼我預期大部分共同基金在這次長期空頭市場結束時不再存在的原因。這次長期空頭市場結束時，S&P 500的本益比將落到個位數。

經常交易數兆美元貨幣的銀行，根本不了解風險。它們的交易員不能執行部位規模設定，因為他們不知道自己正在交易的錢有多少。他們大部分人甚至不知道被炒魷魚之前，可以賠多少錢。銀行是靠外幣市場創造者（market makers）的身分賺錢，而它們會賠錢，是因為它們允許，或甚至期望它們的交易員也去交易這些市場。過去十年，惡棍交易員害銀行業者每年賠損約 10 億美元，但如果每位交易員都有自己的帳戶，我懷疑他們能在市場生存。

葛林斯班說，[3] 他在聯邦準備理事會主席任內，犯下的最大錯誤，是認為大銀行會在風險方面自律。這些金融機構不了解風險和部位規模設定，而政府卻砸大錢幫它們紓困。

現在你可能很好奇，想知道我怎麼那麼肯定部位規模設定十分重要了。

且讓我用個簡單的交易系統來說明。20% 的交易獲利10R，其餘發生虧損。發生虧損的交易中，70% 損失 1R，其餘 10% 損失 5R。這是好系統嗎？如果你想要許多獲利的交

---

❸ Alan Greenspan, *The Age of Turbulence: Adventures in a New World*. New York: Penguin, 2007.

易，這當然不是好系統，因為只有 20% 的交易獲利，但如果你看的是系統的平均 R 值，那麼它是 0.8R。這表示許多筆交易之後，你平均每筆交易獲利 0.8R。因此以期望值來說，這是贏家系統。不要忘了，這是期望值為 0.8R 的交易系統的 R 倍數分布。這個數字不是市場的，而是交易系統的 R 倍數。

假設你用這個系統，一年做 80 筆交易，平均你會賺得 64R，這是很好的成績。如果你允許 R 代表帳戶淨值的 1%（這是執行部位規模設定的一種方式），年底時會獲利約 64%。

前面說過，我常在講座上玩一種彈珠遊戲，用這個 R 倍數分布，教導學員了解交易的道理。R 倍數分布是用袋內的彈珠代表。每次從袋中抽取一顆彈珠，然後放回去。學員有 10 萬美元可玩，而且交易都相同。假設我們執行 30 筆交易，交易結果如表4-3所示。

最下面一行是每 10 筆交易後的 R 倍數分布小計。頭十筆之後，獲利 +8R，然後連賠 12 筆，接下來 10 筆交易損失 14R。最後 10 筆交易獲利不錯，其中 4 筆獲利，10 筆共賺 30R。全部 30 筆交易獲利 24R，除以 30 筆交易，得到樣本期望值為 0.8R。

我們的樣本期望值和彈珠袋的期望值相同。這種事不常發生，卻發生了。約半數的樣本高於期望值，另一半低於期望值，如圖4-1所示。

這個圖代表從我們的樣本 R 倍數分布，隨機抽取（取後

表4-3　　30筆交易遊戲抽取的R倍數

1 –1R	11 –5R	21 –1R
2 –1R	12 –1R	22 –1R
3 –1R	13 –1R	23 +10R
4 –5R	14 –1R	24 –1R
5 –1R	15 –1R	25 +10R
6 +10R	16 –1R	26 –1R
7 –1R	17 –1R	27 –1R
8 –1R	18 –1R	28 –5R
9 –1R	19 –1R	29 +10R
10 +10R	20 –1R	30 +10R
+8R 小計	–14R 小計	+30R 小計

圖4-1　　30筆隨機交易的一萬個樣本

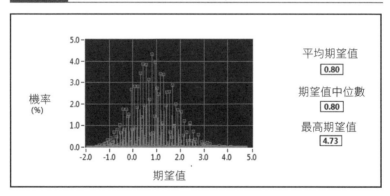

平均期望值
0.80

期望值中位數
0.80

最高期望值
4.73

置回）30 筆交易的一萬個樣本。請注意期望值（以平均值來定義）和期望值中位數都是 0.8R。

你在玩這個遊戲時，唯一要做的事是決定每筆交易拿多少錢去冒險，或者這場遊戲的部位規模要如何設定。你認為自己會賺或賠多少錢？像這樣的典型遊戲中，三分之一的人會破產（也就是他們不會活過頭 5 筆賠錢的交易，或者連賠 12 筆交易），另三分之一會賠錢，最後三分之一通常會賺到巨額的錢，有時高達 100 萬美元。約 100 名遊戲者當中，除了 33 名左右淨值為零，其餘可能有 67 種不同的淨值水準。

由此可見部位規模設定的力量。如表所示，參加遊戲的每個人，交易都相同。因此，唯一的變數是他們拿去冒險的錢有多少（也就是他們的部位規模設定）。經由那個變數，最後的淨值通常從零到超過 100 萬美元不等。

這就說明了部位規模設定有多重要。我玩過這個遊戲幾百次，每次結果都類似。一般來說，除非有許多人破產，否則遊戲結束時，玩的人有多少，就有那麼多不同的淨值數字，可是每個人的交易都相同。

前面提到的學術研究說，82 個退休基金投資組合的績效變異，有 91% 源於部位規模設定。我們的遊戲也顯示相同的結果。每個人都執行相同的交易，唯一的變數（除了心理因素）是遊戲者選擇每次交易冒多大的風險。

如果這個主題被學術界或者主流金融業接受，可能會永遠改變這兩個領域。它就是那麼重要！

部位規模設定的三個成分

　　由部位規模設定產生的績效變異有三個成分（見圖4-2）。[4]它們交纏在一起，很難分開。

　　第一個成分是交易人的目標。比方說，有人這麼想：「我不想因為破產而讓自己難堪。」抱持此想法的人跟不計潛在代價多高都想要贏的人，交易結果肯定大不同。其實，我玩彈珠遊戲的時候，是把遊戲者分成三組，每一組各有不同的目標和不同的「獎賞結構」，以確保他們持有那個目標。雖然「各組內」的期末淨值明顯出現很大的變異，目標不同的各組之間，卻也有清楚的統計顯著性差異。

圖4-2　　部位規模設定的三個成分

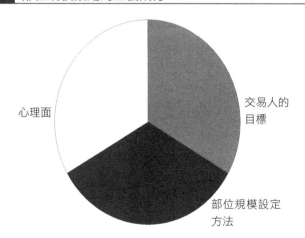

心理面

交易人的
目標

部位規模設定
方法

第二個成分是個人心理面，明顯影響第一個成分。有什麼信念在內在運作，以致產生了那個人的現實狀況？什麼情緒跳了出來？

這個人的心理狀態如何？一個人念茲在茲的，如果是不想破產而讓自己難堪，即使她所屬那一組有這麼做的動機，她也不會讓自己破產。此外，一個人如果沒有目標，也沒有部位規模設定準則可遵循，勢必完全依據情緒去設定部位的規模。

第三個成分是部位規模設定方法，不管那是「直覺」，還是具體明確的演算式。每個模式都有許多可能的變化，包括計算淨值的方法，我們稍後將討論。

💡 部位規模設定的CPR模式

　　決定「多少」的一個簡單模式，包含每一筆交易拿某一百分率的淨值去冒險。本書一再提到這個決定的重要，但到底要怎麼做？你需要知道三個不同的變數。

◆ **你準備拿多少淨值去冒險？** 這是你的總風險，但我們要簡稱它為現金（cash，或者 C）。這便是我們 CPR 公式裡面的 C。比方說，如果你要拿淨值的 1% 去冒險，C 就是淨值的 1%。如果你的帳戶有 50,000 美元，C 就是此數的 1%，也就是 500 美元。

部位規模設定就是交易人的 CPR（譯註：這也是心肺復甦術的英文首字母的縮寫）。

◆ 我們要買多少單位 （亦即部位規模設定）？我稱這為變數 P，代表部位規模設定。

◆ 你購買的每個單位要冒多少風險？我們稱這為變數 R，代表風險（risk）。我們已在討論期望值時談過 R。比方說，如果你要買一支 50 美元的股票，每股冒5美元的風險，你的風險（R）就是每股 5 美元。

基本上，你可以使用這條公式去決定買多少：

$$P = C/R$$

以下例子讓你了解此公式應用起來有多簡單。

例1：你買一支50美元的股票，每股風險是5美元。你希望 30,000 美元的投資組合冒 2% 的風險，你該買多少股？

答1：R =5 美元／股；C =30,000 美元的 2%，或者 600美元。P = 600/5 = 120 股。因此，50 美元的股票，你將買 120 股。這些股票將花你 6,000 美元，但你的總風險只是成本的 10%（亦即假設你遵守 $5 的停損點），或者 600美元。

例2：你當日沖銷交易 30 美元的股票，並且建立停損點 30 美分的部位，你只想冒 40,000 美元投資組合的 0.5% 風險。你該買多少股票？

答 2：R = 30 美分/股。C = 0.005 × 40,000 美元 或 200 美元。P = 200/0.3 = 666.67 股。因此你將買 666 股，每股花 30 美元。總投資金額將是 19,980 美元。

例 3：你準備交易黃豆，停損點設為 20 美分。這筆交易你願意冒 500 美元的風險。那麼，你的部位規模是多少？一口黃豆合約是 5,000 蒲式耳。假設黃豆目前的交易價格是 6.50 美元。你應該建立多大的部位？

答 3：R = 20 美分 × 每口 5,000 蒲式耳 = $1,000。C = $500。P = $500/$1,000，等於 0.5。但是你不能買半口黃豆合約。所以你不能建立這個部位。這個問題棘手，但你需要知道你的部位何時風險太大。

例 4：你想要交易美元兌瑞士法郎的外匯交易。目前美元兌 1.4627 瑞士法郎，你想在 1.4549 設停損點。這表示，如果買價到達這個水準，你就會有一張市價單，然後停損出場。你在銀行存有 200,000 美元，願意冒 2% 的風險。你能買多少口合約？

答 4：你的 R 是 0.0078，但一般外匯合約的交易價值是 100,000 美元，所以你的停損點會損失 780 美元。你冒險的現金（C）將是 200,000 美元的 2%，或者 4,000 美元。因此，你的部位規模是 4,000 美元除以 780，或者 5.128 口合約。取最近的整數，所以你要買 5 口合約。

部位規模設定入門

　　在你十分清楚自己的系統之前，我建議你冒帳戶淨值約1%的風險。這表示，1R轉換成的部位規模等於淨值的1%。比方說，如果你有100,000美元，那麼每筆交易應該冒1,000美元的風險。如果第一筆交易每股的風險是5美元，那麼你會買200股。如果第二筆交易的每股風險是25美元，那就只買40股。因此，每個部位的總風險是帳戶淨值的1%。

　　來看看你的帳戶連續交易的可能情形。你的第一筆交易，帳戶淨值是100,000美元，冒險金額1,000美元。由於這筆交易賠錢（如表4-4所示），現在的冒險金額是餘額的1%，也就是990美元。這筆交易也賠了錢，所以你只冒餘額約1%的風險，相當於980美元。也就是說，你永遠承受帳戶淨值約1%的風險。表4-4是以表4-3的交易樣本為例，說明你要如何控制所承受的風險。

表4-4	遊戲中冒1%風險的結果			
帳戶淨值	**交易**	**1%風險**	**R倍數**	**新淨值**
100,000	1	1000	−1	99000
99000	2	990	−1	98010
98010	3	980.1	−1	97029.9
97029.9	4	970.299	−5	92178.41
92178.41	5	921.7841	−1	91256.62

表4-4 遊戲中冒 1% 風險的結果（續）

帳戶淨值	交易	1% 風險	R倍數	新淨值
91256.62	6	912.5662	10	**100382.3**
100382.3	7	1003.823	−1	99378.46
99378.46	8	993.7846	−1	98384.68
98384.68	9	983.8468	−1	*97400.83*
97400.83	10	974.01	10	**107140.9**
107140.9	11	1071.41	−5	101783.9
101783.9	12	1017.84	−1	100766
100766	13	1007.66	−1	99758.37
99758.37	14	997.58	−1	98760.78
98760.78	15	987.61	−1	97773.18
97773.18	16	977.73	−1	96795.45
96795.45	17	967.95	−1	95827.49
95827.49	18	958.27	−1	94869.22
94869.22	19	948.69	−1	93920.52
93920.52	20	939.21	−1	92981.32
92981.32	21	929.81	−1	92051.51
92051.51	22	920.52	−1	*91130.99*
91130.99	23	911.31	10	100244.1
100244.1	24	1002.44	−1	99241.65
99241.65	25	992.42	10	**109165.8**
109165.8	26	1091.66	−1	108074.2
108074.2	27	1080.74	−1	106993.4
106993.4	28	1069.93	−5	*101643.7*
101643.7	29	1016.44	10	**111808.1**
111808.1	30	1118.08	10	**122988.9**

不要忘了，在這個交易樣本中，遊戲結束時，你獲利24R。這表示遊戲結束時，你獲利24%。我們賺了22.99%，所以差不多做到了。最高淨值以黑體字表示，最低淨值以斜體表示。

由於很早就發生賠損，你會存活下來。一長串賠錢的交易之後，你的最低淨值約為91,130.99美元，但你還能繼續玩遊戲。結束時，你賺得約23%。即使你每筆交易冒1%的風險，而且遊戲結束時獲利24R，但這不表示遊戲結束時你真能賺得24%。只有每筆交易所冒風險為起始淨值的1%，才會如此，而這是不同的部位規模設定演算式。

用這套策略不會贏得遊戲，因為冒極大風險的人，例如第六筆交易孤注一擲，通常會贏得遊戲。不過，要點是你會活下來，賠損不致過大。

淨值模式的種類

　　你在本書學到的所有模式都和帳戶淨值有關。當你知道決定淨值的方法有三種，這些模式突然之間會變得複雜許多。每種方法都對你在市場中承受的風險和報酬有不同的影響。這些方法包括核心淨值法（core equity method）、總淨值法（total equity method）、縮減總淨值法（reduced total equity method）。

　　核心淨值法很簡單。當你建立一個新部位，只要決定根據你的部位規模設定方法，要分配給那個部位多少金額就行。因此，如果你有四個未軋平部位，你的核心淨值將是起

計算帳戶淨值的方法有許多

始淨值減去分配給每個未軋平部位的金額。

假設你一開始的帳戶金額有 50,000 美元，每筆交易分配 10%。也就是說，你可以利用本書稍後介紹的方法之一，以 5,000 美元的部位規模設定分配法建立部位。現在你的核心淨值是 45,000 美元。你以 4,500 美元的部位規模設定分配法，建立另一個部位，於是你的核心淨值是 40,500 美元。你分配 4,050 美元，建立第三個部位，你的核心淨值現在是 36,450 美元。因此，你有 36,450 美元的核心淨值部位，加上三個未軋平部位。換句話說，核心淨值法是把每個部位起始分配的金額扣除，等到你軋平那個部位時再做調整。新部位的金額分配，總是根據目前的核心淨值而定。

我是從一位交易人那裡聽到核心淨值這個名詞。這位交易人以使用市場的錢出名。他剛開始交易時，自己的錢承受的風險儘量壓到最低。但當他獲有利潤，便將它稱作市場的錢，他願意用比原來高出許多的比率，拿獲利去冒險。這位交易人總是在部位規模設定時，使用核心淨值模式。

總淨值法也很簡單。你的帳戶淨值，是由帳戶中的現金，加上任何未軋平部位的價值決定的。比方說，假使你有 40,000 美元的現金，加上一個價值 15,000 美元的未軋平部位、一個價值 7,000 美元的未軋平部位，以及價值為負 2,000 美元的第三個未軋平部位。你的總淨值是現金金額加上所有未軋平部位的價值。因此，你的總淨值是 60,000 美元。

貝索教我維持風險固定和波動性固定的方法。他總是利

用總淨值模式。這是有道理的！如果你想保持固定的風險，就會把風險固定為總投資組合價值的某一百分率。

縮減總淨值法結合了前兩種方法。這就像核心淨值法，當你建立新部位，分配給它的資金便從起始淨值扣除。不過，不一樣的是，當你移動對你有利的停損點，那就也必須將你獲得的利潤或者減少的風險加回去。因此，縮減總淨值等於核心淨值加上已經用停損點鎖住的任何未軋平部位的獲利，或者當你提高停損點而減少的風險。❺

舉例來說，假使你的投資帳戶有 50,000 美元。你用 5,000 美元的部位規模設定分配法建立一個部位。因此，你的核心淨值（以及縮減總淨值）現在是 45,000 美元。再假設部位價值上升，而且設了落後停損點。不久由於有了新停損點，你的風險只剩 3,000 美元。所以你現在的縮減總淨值是 50,000 美元減去新承受風險 3,000 美元，也就是 47,000 美元。

隔天，價值下滑 1,000 美元。你的縮減總淨值仍然是 47,000 美元，因為如果你停損出場，承受的風險仍然是 3,000 美元。只有當你調整停損點以減低風險、鎖住更多獲利，或者軋平某個部位，它才會改變。

下一節簡短介紹的模式，大體上是根據你的淨值，設定部位的大小。因此，每個計算淨值的模式，都會帶出不同的部位規模計算方式。

---

❺ 這有時稱作縮減核心淨值法（reduced core equity method）。但我覺得這個名詞沒道理，所以將它改名。

不同的部位規模設定模式

我在大部分的拙著中，都談到風險百分率（percent risk）部位規模設定模式。用起來很簡單，而且大部分人以1%風險去交易都很安全。

但在《部位規模設定完全手冊》，[6] 我列出許多部位規模設定方法，全都可以用來達成你的目標。這裡只列舉一些方法，好讓你看看部位規模設定方面的想法可以有多廣。

我們把風險百分率模式說成是交易人和投資人的CPR。根據這種模式，你只要根據希望如何衡量淨值，將淨值的某一百分率指定為風險即可。其他的一些方法則用不同的方式分配交易大小。

以下是分配資產，以設定部位規模的一些例子：

1. 每一定金額購買的單位數：每 10,000 美元淨值買 100 股，或者每 10,000 美元買一口合約。

2. 同單位／同槓桿：每單位購買價值 100,000 美元的產品（股票或者合約值）。

3. 保證金百分率：根據合約的保證金，而不是風險，動用淨值的某一百分率。

---

❻ Van Tharp. *The Definitive Guide to Position Sizing: How to Evaluate Your System and Use Position Sizing to Meet Your Objectives*. Cary, NC. IITM, 2008.

4. 波動率：根據標的資產的波動性，而不是由 R 決定的風險，動用淨值的某一百分率。

5. 群組風險：限制每一類資產的總風險。

6. 投資組合熱（Portfolio heat）：不管個別風險為何，限制投資組合的總曝險。

7. 作多部位相對於放空部位：讓多頭部位和空頭部位的分配風險相互抵消。

8. 淨值跨越模式（Equity crossover model）：當淨值跨越某個門檻才做分配。

9. 只投資一類資產時的資產配置：分配一個人資產的某一百分率，例如 10% 於某類資產。

10. 加重和減輕標竿的權數：購買標竿，某種資產的權數如果加重，視之為作多；如果減輕，則視之為放空。

11. 固定比率部位規模設定：這是萊恩・瓊斯（Ryan Jones）發展的一種部位規模設定複雜形式，解釋起來相當冗長。

12. 雙層部位規模設定（Two-tier position sizing）：冒 1% 的風險，直到淨值達到某一水準，再在第二個層級冒另一百分率的風險。

13. 多層法（Multiple-tier approach）：層級多於兩層。

14. 外擴（Scaling out）：合乎某個標準時，另建其他的部位。

15. 內建（Scaling in）：依某種標準加碼經營某個部位。

16. 最適 f（Optimal f）：一種部位規模設定形式，用以將利

得和賠損最大化。

17. 凱利標準（Kelly criterion）：另一種部位規模設定最大化形式，但只在一個部位有兩個機率時使用。

18. 貝索－史華格資產配置（Basso-Schwager asset allocation）：根據一組非相關顧問師的建議，定期重新配置。

19. 市場的錢（Market's money）技術（有幾千種變化）：拿一個人起始淨值的某一百分率，以及獲利的不同百分率去冒險。

20. 利用最大賠損去決定部位規模設定：設定部位規模時，確保不致超過某一賠損水準，對你的帳戶造成太大的危險。

你是不是開始了解為什麼部位規模設定，遠比你到目前為止在交易計畫中所想的重要和複雜？

部位規模設定的目的

　　記住部位規模設定是你交易系統的一部分，可以幫助你達成目標。每個人可能有不同的交易目標，部位規模設定的方式也可能不計其數。極少有人寫部位規模設定方面的事，但連寫過的人，也搞錯了這一點。他們通常表示，部位規模設定是設計來幫助你盡可能賺錢，卻不致毀滅的。因此，他們用泛泛之詞，把他們的目標說給你聽，以為那就是部位規模設定。

　　我們再來玩期望值 0.8R 的遊戲。假設我給玩遊戲的人（有100個人玩）這樣的指示：首先，玩遊戲得花2美元。其次，如果經過 30 筆交易，你的帳戶金額從 100,000 美元減為 50,000 美元，那麼你得再交 5 美元。第三，如果你破產，再交 13 美元，你的總虧損是 20 美元。

　　如果 30 筆結束時，你的淨值最高，你將贏得 200 美元。此外，遊戲結束時，淨值最高的五個人將平分賠錢的人交出的錢。

　　你要做的事，是想好玩遊戲的策略。我建議你照下面的程序來做；這也是實際交易時，配合你的目標，以發展部位規模設定策略的絕佳程序。

　　首先，確定你是什麼樣的人。答案可能有 (1) 決心贏得遊戲的人；(2) 希望盡可能從遊戲學到一些東西的人；(3) 投機

客；(4)不想賠錢，非常保守的人。

下一步是確定你的目標。以各種報償（payoff）的情境來說，可能的目標有：

1. 不計任何代價，一心一意想要贏得遊戲，就算破產也在所不惜。（贏得遊戲的人，通常有這個目標）。
2. 想贏得遊戲，但確保不賠 2 美元以上。
3. 想贏得遊戲，但確保不賠 7 美元以上。
4. 想擠進前五名，但不肯賠 7 美元以上。
5. 想擠進前五名，但不肯賠 2 美元以上。
6. 想不計任何代價擠進前五名。
7. 在不賠 7 美元的情況下，盡我所能。
8. 在不賠 2 美元的情況下，盡我所能。
9. 在不破產的情況下，盡我所能。

請注意，連我針對報償訂那麼少的規則，也能化為九種不同的可能目標。有創意的人，還能提出更多。你接著需要發展部位規模設定策略，以達成你的目標。

最後一步是決定何時改變規則。每 10 筆交易之後，我會評估所有參與遊戲的人，看看哪些人的帳戶淨值最高。如果 10 筆交易之後，你不是最高五個人之一，也許就會想要改變策略。

請注意這會改變遊戲可能發生的事情。我仍有可能看到多達 100 個不同的淨值，但遊戲者選定的目標，和他們最後

的淨值之間，也可能有很高的關聯性。想要贏得比賽的人，淨值可能波動很大，從100萬美元或更多，到破產都有。

但是，不想破產，希望盡可能有好表現的人，可能交易得相當保守，最後的淨值分布在狹窄的範圍內。這個遊戲清楚地指出，部位規模設定的目的是達成你的目標。我在前面說過，極少人了解這個概念。

利用部位規模設定達成目標的一種方式：模擬

利用模擬器，是藉部位規模設定以達成目標的一種方式。我們將假設只有一種部位規模設定方法：每筆交易你願意拿淨值的多少百分率去冒險。

以下說明利用前面提到的系統，可以如何設計交易模擬器。它的期望值是0.8R，而且只有20%的交易獲利。

我們知道，這樣的期望值，能讓我們在50筆交易之後，平均獲利40R。我們的目標是50筆交易之後獲利100%，但賠損不超過35%。來看看我們可以如何用R倍數模擬器做到這一點。圖4-3是部位規模設定最適器（position sizing optimizer）。

圖4-3　利用部位規模設定最適器

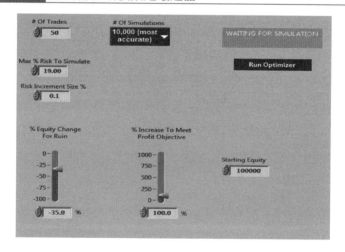

我把最適器設定為模擬我們的系統一萬次、執行 50 筆交易。它一開始先冒險 0.1%，執行 50 筆交易，模擬一萬次，然後提高到 0.2%，接著是 0.3%，以下依此類推，每次增加 0.1%，直到每筆交易承受 19% 的風險。

　　我們發生 5R 虧損，所以到 20% 風險時，自動導致破產。因此我們在每個部位冒 19% 風險時停止。

　　這個模擬器在每個風險水準模擬一萬次、執行 50 筆交易，除非它達成我們的毀滅標準（亦即賠掉 35%）。這個時候，它會說交易毀了，然後到序列中的下一個一萬次模擬。要做的運算很多，但今天的電腦處理起來十分輕鬆。

　　模擬結果如表 4-5 所示。

　　最上一列是能得到最高平均期末淨值的風險百分率。一般來說，這是模擬出來的最大風險數量，因為有許多 10R 獲利操作的樣本不多。那樣的毀滅會得出很大的數字，而且即使大部分毀滅都使淨值下跌 35% 或更多，依然會使平均結果上升。請注意在 19% 的風險水準，平均獲利是 1,070%。但我們只有 1.1% 的機會賺得 100%，以及 98.7% 的機會毀滅。這是為什麼如同一些人所說的，如果系統只有普通的表現，追求最高的可能報酬是自殺的行為。

　　中位數期末淨值可能是比較好的目標。平均獲利 175%，中位數獲利 80.3%。你有 46.3% 的機會達成目標，27.5% 的機會毀滅。

　　如果你想以最高的機率，達成獲利 100% 的目標呢？ 最

適後退（Optimal Retire）這列告訴我們，如果冒 2.9% 的風
險，我們有 46.6% 的機會達成目標。但中位數獲利反而降到
77.9%，因為現在的毀滅機會是 31%。

表4-5	部位規模設定最適器結果				
最適器方法	達成目標的機率（%）	毀滅的機率（%）	平均獲利%	獲利中位數 %	風險%
最高報酬	1.1	98.7	10.7E+3	−72.4E+0	19.0
報酬中位數	46.3	27.5	175.0E+0	80.3E+0	2.7
最適後退	46.6	31.0	193.4E+0	77.9E+0	2.9
毀滅<1%	10.5	0.8	43.2E+0	37.0E+0	0.9
毀滅>0%	1.1	0.0	27.1E+0	24.6E+0	0.6
後退－毀滅	37.9	11.1	93.8E+0	64.0E+0	1.7

如果我們的目標是毀滅（賠掉 35%）機會略低於 1 呢？
模擬器現在指出，我們應該每筆交易冒險 0.9%。這給了我們
10.5% 達成目標的機會，卻只有 0.8% 的毀滅機會。

你的目標可以設定為毀滅機會略高於 0%。模擬器說，你
可以冒險 0.6%。這個風險略高於 0%，但達成獲利 100% 的目
標，機率現在降到 1.7%。

最後，你可能想用風險百分率，使獲利 100% 和虧損 35%
兩者的機率差距達到最大。得到的冒險機率是 1.7%。就這樣
的機率來說，我們有 37.9% 的機會達成目標，以及只有 11.1%
的機會毀滅。兩者相差 26.8%。如果是其他的風險水準，機

率差距將是15%或者更低。

　　只用兩個不同的數字：獲利100%的目標和賠掉35%的毀滅水準，便得出五個合理的部位規模設定策略，而它們只用到風險百分率部位規模設定模式。

　　我可以把目標設為從賺1%到賺1,000%不等，或者更高，也可以把毀滅水準設為從虧損1%到虧損100%不等。你可能有多少不同的目標？答案可能是：有多少交易人／投資人，就有多少目標。要達成這些目標，可能有多少不同的部位規模設定策略？答案是很多、很多。

　　我們只用一個部位規模設定策略：風險百分率。可以使用的部位規模設定模式多得是，而每一個模式又有許多不同的變化。

R 倍數模擬器的問題

模擬系統的 R 倍數分布，對幫助你輕鬆了解那個系統，有很大的好處。但是 R 倍數也有一些嚴重的問題。遺憾的是，交易世界沒有十全十美的東西。依我之見，問題如下所述：

- R 倍數是根據單筆交易衡量績效，卻不會告訴你，當你同時執行多筆交易，可以期望什麼。

- R 倍數並沒有捕捉各市場間的許多時間相依性（temporal dependence；相關性）。事實上，它只抓出一筆交易的起始日期和結束日期。因此，一筆交易仍在進行中，還沒停損出場（也就是 1R），是看不到賠損的。

- R 倍數模擬和所有的模擬一樣，只有在樣本準確的情況下才有用。你的系統績效可能有不錯的樣本，但你永遠不會有「真實的」母體。你也許還沒看到最糟的損失或者最好的利得。

- 當初始風險相近，R 倍數是比較系統的絕佳方式。不過，如果一或多個系統將部位規模設定內建到策略裡面，例如內建和外擴模式，便會產生一些問題。事實上，這種情況中，你將難以確定兩個不同系統的絕對績效。拿兩個系統的比較為例來說，第一個系統在初始進場點就建立整個部位。第二個系統在初始進場點只建立半個部位，另半個部位在市場走勢對系統有利一個波動

幅度之後再建立。如果這個人的交易做得很好（例如漲了 20R），那麼第一個系統的 R 倍數會比第二個系統（利潤比較大，總初始風險比較小）好（大）。但如果我們的交易做得不好，走勢馬上對我們不利，跌到初始出場停損點，那麼兩個系統的 R 倍數相同，亦即都是 –1。可是第二個系統的損失只及第一個系統損失之半，這個事實完全被遺漏。

◆ 改變一筆交易總初始風險的部位規模設定技術（例如金字塔），造成的影響很難用 R 倍數的概念來測試，因為交易系統（不管有無部位規模設定技術）的 R 倍數分布不能直接比較。評估資金管理技術的一種方式，是把交易系統分成幾個子系統，用進場點定義子系統，然後分別評估每個子系統。比方說，每個金字塔可以視為一個子系統。

◆ 由於 R 倍數只捕捉各市場之間的一些時間相依性，利用 R 倍數的模擬必須根據 R 倍數是統計獨立的假設，但事實並非如此。不過，我們可以按照起始日期或者結束日期，把不同的交易集合在一起，試著將時間層面引進模擬之中。當你這麼做，波動幅度和賠損會在 R 倍數受阻時變得很大。換句話說，(1) 有些系統同時產生多筆交易，當你嘗試確定它們的績效，以及 (2) 當你同時用好幾個系統進行交易，那麼一次根據一筆交易所作的模擬，明顯產生過於樂觀的結果。

克服模擬的問題

為了克服模擬器的問題，我發展出系統品質數字（SQN）。大體來說，SQN愈高，你用部位規模設定以滿足目標的自由度愈大。換句話說，SQN愈高，達成你的目標愈容易。比方說，前面曾經提到一位交易人，他宣稱擁有一天幾乎產生一筆交易的貨幣交易系統，R的期望值和標準差之比為1.5。

雖然我不知道是不是有可能發展出這麼優秀的系統，但如果真有的話，我不懷疑他會有那樣的結果：略多於四個月，1,300美元就化為200萬美元，而這段期間，世界大部分地方都遭到可怕的經濟危機襲擊。

我在《部位規模設定完全手冊》一書，用31個不同的部位規模設定模式（總共有93個，因為每一個都能利用三個淨值模式），說明如何有可能從SQN，輕易達成你的目標。但由於以下的原因，你仍然必須審慎為之：

1. 你永遠不知道你的R倍數分布是不是準確。
2. 你永遠不知道市場類型到底何時改變。這通常會改變SQN。
3. 你必須把多筆相關的交易納入考慮。我用SQN來做這件事，因為我假設最大的風險是對整個投資組合而言，不是對單一部位而言。

因此，在我們的例子中，一個普通的（最好的）系統，平均值對標準差之比約為 0.16，最佳的風險百分率是 1.7%。但如果我們同時交易五個部位，每個部位的風險可能必須減為 0.35% 左右。不過，聖杯系統可能允許我們每個部位冒 5% 或更高的風險。

Part 5

更多創造最佳交易績效的點子

Developing a Business Plan:
Your Working Guide to Success in the Markets

保持簡單

　　人生有許多事情，都適用保持簡單的原則，包括你在交易或投資上可能做的任何事情。把事情搞得愈複雜，想要成功就愈難。保持簡單，在人生和在市場上都吃得開，也行得通。

　　你的心智，意識容量只有約七段資訊。你沒辦法在你的意識內裝進超過這個數量的東西。要是有人連續給你十組兩位數數字，你可能發現，很難記住五組以上，因為你的意識容量有上限。如果你想在市場上做複雜的事情，需動用的意識高於已有的容量，那你可能會失敗。

KISS（KEEP IT SIMPLE, SAM；保持簡單，山姆）！

保持簡單不表示不能用電腦處理數量龐大的市場資訊。正好相反，我強烈建議你這麼做。不過，這表示你使用的方法和日常處理的事務，不必像火箭科學那麼高深。事實上，你想做的事情愈多，成功的可能性愈低。

　　我曾對一名營業員兼交易員做過心理分析。在所有接受我心理測驗的投資人當中，他的排名落在最低的 1%。他承受很大的壓力，內心有許多衝突，組織整理工夫做得很差，既沒系統，態度又很負面。你想得到的其他任何事情，他的表現都不好。心理測驗過後，我對他做了十分鐘的諮商，但他其實需要花上好幾天的時間才能真正解決他的問題。對他來說，關鍵問題是，經過他桌上的每一件事情，都令他吃不消。那麼多股票擺在眼前，他哪有辦法找到好股票？客戶之間的目標和動機都是相互衝突的，他哪有辦法依照任何計畫去做？他的生活一團混亂。

　　這位營業員需要做很多心理矯正工作。他的生活一團亂，因為他的心智也是一團亂。簡化你心裡的混亂，就能簡化你生活上的混亂。第一步先決定你希望生活中有什麼（也就是你的夢想生活），然後只專注於那個夢想生活的一、兩個簡單目標。

　　其次，他需要一個簡單的系統，用以追蹤他的交易。這個系統最好是長期系統，每個星期只發出幾個訊號，而且只需要他在收盤後看市場。如此他便可以遠離混亂的市況，一天只要做一次決定。那個系統可以簡單到在 110 日通路突破

（channel breakout）時買進，以單週波動幅度為最糟情況下的出場點，放在收盤價之後，做為獲利了結的停損點，而且任何一筆交易，不拿超過淨值的 1% 去冒險。就他的情況而言，他應該對自己和市場的所有信念，做個徹底調查。並從那個調查，開始設計一套適合他的交易方法。

這些都是簡單的步驟。成功來自遵循簡單的步驟，當你了解這一點，並且付諸實施，績效便會急劇提升。

了解交易的聖杯

　　來談一下判斷捷思（judgmental heuristics）。前面說過，我們的心智處理資訊的容量有限。事實上，我們的意識只能裝進七段（加減兩段）資訊。身處壓力狀態時，這個數字會急劇減少，因為血流會從腦部轉向身體的主要肌肉，以因應逼近中的危險。在今天的世界裡，危險通常是心理上的，跑

了解交易的聖杯。

得更快無法幫助我們處理交易上的危險。

每一年，身為交易人的我們，必須處理的資訊數量總是倍增，但我們的心智能處理的容量卻依然相同。因此，我們發展出許多捷徑（shortcuts，或者捷思）以處理資訊。事實上，心理學家多年來收錄了許多這方面的資訊，並稱之為判斷捷思。

整體的結論是：人類處理資訊很沒效率。事實上，有些經濟學家已經開始脫離效率市場（efficient market）的陣營，接納市場缺乏效率的觀念。市場缺乏效率，因為人類是無效率的決策者。

這個結論下得很優秀，但他們實際做的事卻不然。結果，有個新的經濟學派應運而生，稱做行為財務（behavioral finance）。現在經濟學家問的是：「如果市場因為人類的無效率而缺乏效率，又如何能夠利用我們現在的無效率知識，去預測市場將會做什麼？」依我之見，這簡直瘋了。

你可以把我的做法稱做應用行為財務，可是我使用的是不一樣的方法。我的看法是，如果大部分人處理資訊缺乏效率，要是能夠提升他們的效率，那會發生什麼事？假設有個人處理市場資訊的效率是 5%。對大部分人來說，這可能是很高的估計值。如果我能使一個人的效率提高到 25%，那會發生什麼事？如果能使那個人的效率提高到 50%，或甚至100%，那又會發生什麼事？

結果可能叫你跌破眼鏡。前面談過我們可以把交易系統

視為 R 倍數的分布，並用平均值（亦即期望值）和標準差來
描述這個分布的特性。

回頭談那個能給你 0.8R 期望值和一年產生 100 筆交易的
系統。這個系統並沒有不切合實際。事實上，我們的樣本系
統是個可交易的系統。我見過比這好很多的系統。不過，這
個系統平均一年能創造80R的報酬。

如果你每筆交易冒 1% 的風險，也許一年交易下來能賺
100%（1% 會隨著你的淨值成長而加大，這是為什麼你可以
賺到100%，而不是80%的原因）。

但由於行為上的無效率，大部分人會犯很多錯。一次
錯誤的價值幾何？我不知道。這需要蒐集很多資料才算得出
來，而且每個人不同。不過，姑且假設一次錯誤的價值平均
為 4R。

如果是這樣，而且假設你每個星期犯一次錯，那麼你會
有價值 208R 的錯誤，本來可以讓你獲利 100% 的系統，這下
會賠錢。相形之下，假設你一個月只犯一次錯（大部分有獲
利的交易人，可能是這樣），那麼 80R 的獲利賠掉 48R，只
留下 32R 的利潤。一旦系統嚴重賠損，你可能會捨棄那個系
統，認為它不再靈光。

來談談一個月犯一次錯的那位交易人。我們的系統每
個月產生約七到八次交易，所以我們可以說，她執行這個系
統，每交易八次犯錯一次；換句話說，她的效率是 87.5%。
但是就獲利來說，她從可能賺到的 80R 中，只賺進 32R，所

以交易效率看起來只有40%。

　　要是她的效率能夠提高到60%，或者80%，抑或更高，那會發生什麼事？這種報酬增幅十分驚人。也許該來看看人常有的一些無效率，並且學習交易人如何提高效率。照著本書的建議去做，你的效率會大大提高。

從交易事業賺錢的其他方法

你的事業可以做得更大，尤其是資金充足的時候。這時的問題變成是為你的資金尋找最好的用途。在你思考該用哪些的時候，有些做法也許顯而易見，但大部分人想的都不夠多。以下列出壯大事業的一些重要方式：

首先，發展改良後的新交易系統。 每個系統都能幫你賺更多的利潤，特別是如果它和其他的系統沒有關聯性。不斷做研究，為你的交易研究尋找能夠成為新利潤中心的新系統。順帶一提，你的一些系統在某些市況中可能不再行得通，因此，準備更多的備用系統，總是有好無壞。

其次，運用每個系統於更多的市場。 假設你發展出一個很優秀的系統，用在 S&P 500 的交易上。它每個月給你五筆交易，期望值是 2R。這表示你每個月可以從這個系統平均獲利 10R。但如果這個系統也適用於其他的主要股市指數，而且結果相同呢？如果你能增加交易十種指數，也許每個月就能賺得100R。

第三，增加交易員。 每位交易員就只能有效處理那麼多工作和那麼多市場。假設一名好交易員能夠有效交易 5,000 萬美元。總金額一超過那個水準，根據你的經驗，交易員的效能似乎會開始減退。要壯大你的事業，一個方法是找來更多的交易員幫忙。十名好交易員也許能夠有效處理 5 億美元。

第四，提高你的交易員做事的效能。假設一個交易系統一年平均產生 40% 的報酬率。你可以根據一名交易員所犯錯誤的數目，衡量他或她的效能。比方說，典型的交易員一年交易報酬率 40% 的系統，可能犯下價值 20% 的錯誤。

這樣一位交易員，效能如果達到 80%，將能從系統為你創造 32% 的獲利。但如果你能提高這位交易員的效能，情況會怎麼樣？如果你指導交易員如何提高效能，使他們每年的錯誤減為 5%，那會發生什麼事？這一來，每位交易員每年每個系統的效能提高 75%。透過效能教導，提高交易員的效能，你的交易事業可望急劇擴張。

第五，追求部位規模設定的最適化，以達成你的目標。要做到這一點，你必須採取下列每一步：

- 清楚明白地確定交易事業的目標，許多人和許多公司都沒把這件事做得很好。
- 確定你所用每個系統產生的 R 倍數分布。

增加更多交易員。

◆ 模擬不同的部位規模設定演算式，以確定數以千計的演算式中，何者最能有效達成你的目標。

◆ 將那個演算式用於你的系統。

例如你希望從分配給某個系統的資金，賺得 200% 的利潤。你有個系統，每年平均產生 70R 的利潤。如果你每筆交易冒分配資金 1% 的風險，你可能發現每年能從那個系統賺得 70%。但你若把部位規模設定風險提高到 3%，也許會發現能賺到想要的 200%。擴大部位規模當然會增加潛在的賠損，你必須充分理解部位規模這種變化的壞處。

所有這些因素有相乘的效果。比方說，假設你有三名交易員，每名用兩個系統在三個市場交易。每個系統在每個市場每年獲利約 60R，但這些交易員的交易效能只有 75%。這表示他們每年在每個市場、每個系統犯 15R 左右的錯誤。

先看看他們為公司做的事。我們有三名交易員乘以兩個系統，再乘以三個市場和乘以 45R，所以公司每年賺進810R。再來看看我們做各式各樣的變化所能產生的影響。

首先，如果新增三名交易員，會怎麼樣？我們也許能使總報酬倍增為 1,620R。

其次，如果我們給每個系統增添三個市場，那會怎麼樣？現在報酬也許可以提高到 3,240R。

如果每位交易員再增添一個系統呢？現在報酬或許可以增為 4,860R。

如果把交易員的效率提高到 90%，會發生什麼事（我們也許必須這麼做，以處理增加的工作）？獲得的利潤增加20%，現在有了 5,832R。

最後，如果我們提高部位規模設定的效能，使獲利再增加50%呢？現在，你應該懂得其中的意思了吧。

沒有一個事業能夠同時執行我建議的所有事情，但如果你能做其中一些呢？對你的獲利會有什麼影響？如果你正考慮做一些改變，不妨側重於交易員的效率，以及提高部位規模設定的效能，以達成你的目標。

避免在市場中做預測

大部分人都很重視市場預測。他們認為，需要做對 70% 或者更多，才能通過市場給他們的考驗。他們也相信，95% 的時候做對，也許才能拿到 A 的成績。他們想要預測市場，是源於希望做對的渴望。人們相信，除非能夠預測市場就要怎麼走，否則他們不可能做對。

我們的最佳客戶當中，有些交易人持續不斷每年獲利 50% 或更多，同時很少月份賠錢。沒錯，他們必須擅長預測市場，才有那種成績。我最近發出請求，麻煩他們做預測，一些成績比較好的交易人這麼答覆我：

A 交易人：我不預測市場，我認為那是危險的做法。
B 交易人：這些只是一些情境而已，市場會做市場該做的事。

我對這些交易人的特定意見不感興趣，只對他們的一致看法有興趣。

如果他們對市場將怎麼走沒有意見，那要如何賺錢？這裡面有五個極為重要的成分：

1. 他們遵循系統產生的訊號。
2. 當市場證明他們做錯，他們就出場。

3. 他們放手讓獲利盡可能愈滾愈大，這表示他們有很高的正期望值系統。

4. 他們有足夠的機會，有比較高的機率實現任何一個月的正期望值，某個月賠錢的機率則少之又少。

5. 他們相當了解部位規模設定，一旦做錯，還能繼續玩下去；一旦做對，則大賺一筆。

大部分交易人，包括大部分專業人士，不了解這些要

避免預測市場

點。因此，他們很重視預測。華爾街上的一般分析師通常靠分析企業而賺進高達六位數的收入，可是依我的看法，這些人很少能靠交易他們分析的公司賺錢。不過，人們還是相信，分析師既然能夠告訴你市場基本面，也一定能用那些資訊賺錢。

也有人認為基本面分析不管用，於是在電腦或者走勢圖上畫線，從技術面分析市場。這些人相信，只要畫足夠的線、解讀足夠的型態，就能預測市場。這一招同樣行不通。相反地，迅速認賠出場、放手讓利潤盡可能滾大，以及管理風險，力求繼續存活，才是真能賺到錢的方法。當你終於打從內心深處了解這點，就掌握了交易成功的關鍵祕密之一。

💡 錯誤與自取其敗

　　我們姑且把錯誤定義為沒有遵循你的書面交易守則。如果你發展出一套工作用的經營計畫，用以引導你的交易，你一定會有很多需要遵循的守則。要是沒有發展這樣的守則，你做的每一件事都會是錯的。

　　你可能犯下的錯誤數以千計，以下只是列舉其中常見的一些：

◆ 根據小道消息、情緒，或者和你深思熟慮打造的系統不合的某種東西進場交易。

對任何一筆交易拿太多錢去冒險。

- 應該停損出場時卻不出場。
- 在任何一筆交易拿太多錢去冒險。
- 因為情緒而太早出場。
- 由於情緒反應而做任何事情。
- 沒有遵循每天的例行性作業程序。
- 把發生在自己身上的事，怪罪於某人或者某事，而不勇於負起責任。
- 同一個帳戶用好幾個系統去交易。
- 同一個帳戶的交易筆數多到沒辦法追蹤它們。
- 當市場類型改變，而且你知道原來的系統表現會不好，卻還是繼續用它去交易。
- 只注意一個系統的進場點，卻不留意交易的潛在報酬相對於風險的比率。
- 只想做對，因而太早獲利了結，或者只為了證明自己是對的，而不肯認賠出場。
- 進場交易時，沒有預設出場點。
- 沒有追蹤交易系統的 R 倍數和整體績效。

我一直要求我指導的交易人以 R 追蹤他們的錯誤。比方說，如果你因為一時的情緒而進場，賺了 2R，那麼這個錯誤算是 +2R。如果你再做一次，賠了 4R，這個錯誤現在是 –2R。這麼做了約一年之後，你對自己的交易效率，以及那樣的效率使你付出多少代價，應該會有一些概念。

我有一位客戶是期貨交易人，操作 2 億美元的帳戶。我們估計九個月內，他犯了 11 次錯誤，使他損失 46.5R。因此，他每個月犯 1.2 次錯誤，每次的成本是 4.23R。整體而言，他的獲利可能因為這些錯誤，比應有的水準低 50%。所以，如果他賺了 20%，表示他本來可能可以賺到 70%。看得出那些錯誤的影響有多大嗎？

另一位客戶是長期部位交易人，主要交易 ETFs，停損點設得很寬。一年交易下來，他犯了 27 次錯誤，損失 8.2R。因此，這一年內，他每個月犯 2.25 次錯誤，不過，由於他採長線交易方式，停損點設得很大，而且不用槓桿操作，錯誤的成本沒那麼高。每次錯誤使他損失 0.3R。這一年的交易，他賺了 31R（約為 30%）。如果他沒犯任何錯誤，本來可以獲利 39.2R。所以說，他的錯誤使他損失了 20% 的利潤。

你的錯誤又使你付出多少代價？

如何防止錯誤？

我建議你每天一開始做心像預演。問問自己：「今天什麼事情可能出錯，害我犯錯？」

舉個實例來說。我有位歐洲客戶，是非常出色的當日沖銷交易人。他每天交易股市指數期貨，獲利甚豐。一天，他接到當地醫院打來的電話，說女朋友車禍重傷。他立刻衝到醫院去看她，忘了在市場還有部位。他沒有設定真實的停損點，平常只用心理停損點出場，因為他覺得這樣比較安全。不幸的是，這一天，他滿腦子想的只有女朋友。

他得知女朋友沒有生命危險時，市場已經收盤。稍後，他查了一下自己的部位，發現那天虧損了大約一年的獲利。

我當初指導他的時候，要他做的第一件事，是擬定一套最糟情況下的應變計畫，並且確定每一件可能的意外都適當地預演過。大體來說，緊急應變計畫做得愈好，只要所有的意外都預演得不錯，成了自動化的動作，你每天要做的心像預演就愈少。

不過，我發現市場總是會給我們想都沒想過的事。2008年底寫這段文字時，市場的波動幅度，是平常的十個標準差大。如果市場波動幅度呈常態分布，這種事情發生的機率幾乎為零，但卻偏偏發生了。如果你沒做好在這種環境中交易的準備，那可能是一場災難。

同樣的，誰曾想過美國股市會因為世界貿易中心被毀，紐約金融區成了廢墟一片，而關閉一段時間？你有預測過這種事嗎？你能預測到有隻松鼠在你家閣樓咬壞電線，擾亂你的交易嗎？這種事情可能發生，所以務請做好準備。

　　因此，我建議每個人每天做心像預演。問你自己：「今天什麼事情可能出錯，並害我犯錯？」發揮創意，想想每一件可能發生的事。針對你想到的每一件事，預演你將如何因應，以確保它不會對你的交易造成顯著的影響。

　　有一天，你在市場的一筆操作可能大賠，鎩羽而歸。未雨綢繆不是個好念頭嗎？把你的效率從 90%（亦即每十次交易錯一次）提高為 98%（亦即每五十次交易錯一次），可以使你的報酬率增為兩倍或者更多。交易人思考效率的第二種方式是：每一百次交易所犯的錯誤數目。前面曾經說過，用已實現總利潤的百分率衡量效率。

💡 避免重蹈覆轍的方法

還有一件事，你應該考慮每天做。我把這件事稱為每天述職。這可用來確保你不會再犯相同的錯誤。

交易日結束時，問自己一個簡單的問題：「我有犯任何錯誤嗎？」如果答否，讚美自己一句。如果答否，而且賠了錢，讚美自己兩句。做得好，你有遵照守則在做。

但如果你犯了錯，你的新任務是確保不會再犯。問自己：「我是在什麼狀況下犯錯的？那些狀況何時可能再發生？」

回答這些問題之後，接下來該做的事就是心像預演。前面談過這件事。想想你能做什麼事，確保你在那些情況下不致再錯。一旦你提出解決方案，請在心裡預演許多次，直到它成了第二天性。

依我之見，這件事每天必做。一天花幾分鐘做這件事，一年報酬可能增加 20% 到 50%。

你不能忽視基本面

　　人們常常在心理層面有了長足的進步，但談到我們在交易上教的一些基本面問題，卻置若罔聞，說：「我不懂。」大部分人對這句話的反應，是聽而不聞，而不是做必要的事情，去增進理解。

　　下面是一些重要問題的簡短測驗，我認為是所有的交易人必懂的基本面。你必須了解這些問題，才能和人一爭長短，交易成功。請先自行回答這些問題，再翻閱下一節的解答。

---

1. 你買一支 25 美元的股票，希望設 25% 的落後停損點。你的初始停損點在哪裡？

2. 同一支股票漲到 40 美元，然後回跌到 37 美元。你的停損點在哪裡？

3. 你的帳戶有 25,000 美元，不希望那支股票冒帳戶金額 1% 以上的風險。你能冒多少金額的風險？

4. 根據第 1 和第 3 題，你可以買多少股？

5. 你又買進另一支股票，價格為 38 美元，但這次停損點只設在 50 美分之外。如果只冒 1% 的風險，你可以買多少股？

---

6. 你覺得買進的股數太多，所以希望根據波動幅度設定停損點。過去十天，這支股票的平均真實區間是3美元。你決定根據波動幅度配置資金。你能買多少股？

7. 由於你的停損點仍是 50 美分，你在這個部位冒多大的風險？

8. 第一支股票和第二支股票的總投資金額是多少？這和風險有什麼不同？

9. 你可能遇到的績效變異，大多可能是哪個變數造成的（假設你的心理層面沒問題）？

10. 我如何定義自取其敗？

加分題： 你以 50 美元的價格賣出第一支股票，獲利 25 美元。你的 R 倍數是多少？換句話說，你的獲利是初始風險的幾倍？

你的成果
如何？

解答在這裡！

1. 你的停損點應該是目前的價格乘以 0.75，也就是 18.75 美元。從目前的價格減去 25%，可以算出停損點，而這正好等於進場價格的 75%。**答對得 10 分。**

2. 你的落後停損點是 25%。這表示，每次股票創新高（如果你要的話，可以選擇收盤新高），便從那個價格減去 25%，做為你的停損點。這是新停損點。因此，最近一個高價是 40 美元，你的新停損點是那個數字的 75%，或者 30 美元。價格下跌時，不改變停損點。**答對再得 10 分。**

3. 你的風險是 25,000 美元的 1%，等於 250 美元。**答對得 10 分。**

4. 你的風險是 6.25 美元。拿總風險（250 美元）除以每股風險，得 40 股。**答對再得 10 分。**

5. 由於你的風險只有 50 美分，拿 250 美元除以 50 美分，得 500 股。**答對得 10 分。**

6. 拿你的 1% 風險，或者 250 美元，除以每股 3 美元，得 83.33333333 股。四捨五入取整數，答案為 83 股。**答對得 10 分。**

7. 你實際承受的風險，是 83 股乘以 50 美分，或者 41.50 美元。**答對得 10 分。**風險減低，是因為你根據波動幅度配置資金。你的停損點相同，所以實際上只冒 41.50 美元的風險。

8. 第一個例子中，你買 40 股，每股 25 美元。你的總風險是 250 美元，但總投資金額是 25 美元的 40 倍，或者 1,000 美元。請注意你設的停損點是 25%，你的風險是投資金額的 25%。**答對得 3 分。**第二個例子中，根據風險買 500 股，總共投資 19,000 美元，或者根據波動幅度買 83 股，總共投資 3,154 美元。兩者都可以接受，**所以只要答對其一，便得 3 分。**總投資金額是股數（例如 40）乘以每股成本（例如 25 美元）。風險則是股數（例如 40）乘以你願意忍受價格下跌多少才出場（例如 6.25 美元）。**答對得 4 分。**

9. 部位規模設定。**答對得 10 分。**

10. 重蹈覆轍。**答對得 10 分。**

　　加分題： 你以 50 美元的價格賣出第一支股票，獲利 25 美元。你的 R 倍數是多少？換句話說，你的獲利是初始風險的幾倍？如果你賣出股票的價格是 50 美元，則獲利 25 美元。這是初始風險 6.25 美元的四倍，所以你獲得 4R 的利潤。**答對再加 10 分** 因此，你的總分可能高達 110 分。

****

　　得 100 分或者以上，表示你對這些基本面問題的了解很深入。請繼續保持。

　　得分在 80 到 99 分之間，你需要稍微努力一點。看看你的弱點是什麼，自己再多做點功課。

　　得分在 60 到 79 分之間，你需要下很大的工夫 。同樣的，看看你的弱點是什麼，努力了解相關的知識。

　　得分在 59 分或以下，可能是因為你剛投入交易這一行，或者不了解這些原則。如果是這樣的話，你有待努力的地方很多。如果你已經研讀相關的知識一段時間，卻還只得 50 分或者更低，也許你並不適合交易這一行。

💡 薩普的誠摯邀請

請造訪我的網站www.vantharp.com，加入薩普社群。你可在網站上讀到我的新聞信《薩普想法》，並知道你屬於哪一類交易人，以及下載免費的交易模擬遊戲，練習部位規模設定。這些都是免費的。更多資訊如下：

免費交易模擬遊戲

我們相信，學習部位規模設定的最好方法，是練習用它來達成你的目標。為幫助你做到這件事，我們發展出過十關遊戲。前三關免費，你可以在我們的網站下載。今天就來試試！

你屬於哪一類交易人？

請上網站www.tharptradertest.com瀏覽更多資訊。

《薩普想法》免費電子報

你可免費訂閱《薩普想法》，裡面有投資竅門、最新市場動態、系統發展、部位規模設定、R倍數和其他許多交易主題。

公司：The Van Tharp Institute (International Institute of Trading Mastery, Inc.)
地址：102-A Commonwealth Court Cary, NC 27511
電話：919-466-0043 or 800-385-IITM (4486)
傳真：919-466-0408
電子郵件：info@iitm.com

名詞解釋

Algorithm（**演算式**）：一個運算規則或者一組運算規則，亦即計算數學函數的程序。

Arbitrage（**套利**）：利用價格之間的差距或者系統之間的漏洞，持續不斷賺進風險低的利潤。這套策略通常需要同時買進和賣出相關的東西。

Asset allocation（**資產配置**）：許多專業交易人決定如何分配資金的程序。受到樂透偏見（lotto bias）的影響，許多人認為資產配置就是決定選哪類資產（例如能源股或者黃金）。但是當人們用它來告訴他們，每一類資產投資多少時，真正的力量才展現出來。所以說，它其實是部位規模設定（position sizing）的另一種說法。

Average true range（ATR，**平均真實區間**）：過去 X 天真實區間的平均值。真實區間的值是取下列最大者：(1) 今天的最高價減今天的最低價；(2) 今天的最高價減昨天的收盤價；(3) 今天的最低價減昨天的收盤價。

Band trading（**波帶交易**）：一種交易風格，被交易的工具被認為在一個價格區間內波動。因此，當價格漲得太高（亦即買超），你可以假定它將下跌。當價格跌得太低（亦即賣超），你可以假定它將上漲。本書第五部討論了這個概念。

Bearish（**看跌**）：認為市場將來會下跌的一種意見。

Breakout（**突破**）：從盤整（consolidation）區或者橫向移動區往上漲。

Bullish（**看漲**）：認為市場將來會上漲的一種意見。

Commodities（**商品**）：在期貨交易所交易的實體產品，例如穀物、食品、肉類和金屬。

Contract（**合約**）：一單位的商品或期貨，例如一單位或一口玉米合約是 5,000 蒲式耳（bushels）。一單位黃金是 100 盎司（ounces）。

Discretionary trading（**隨興交易**）：根據交易人的直覺而執行的交易，有別於系統性方法。最優秀的隨興交易人是在發展出一套系統性方法之後，才慎重判斷，調整出場點和部位規模，以改善本身的績效。

Divergence（**分歧**）：指兩個或多個指標未能發出相互證實的訊號。

Diversification（**分散投資**）：投資於不相干的市場，以減低整體的風險。

Drawdown（賠損）：指由於交易發生虧損，或者因為「帳面損失」（可能的原因是未軋平部位的價值下降），以致帳戶價值縮水。

Entry（進場）：你所用的系統發出訊號，指示如何或何時應該進入市場。

Equal units model（等單位模式）：一種部位規模設定模式，每個部位的購買金額相等。

Equities（股東權益）：所有權人持有的公司股票。

Equity（淨值）：你的帳戶之價值。

Exit（出場）：你所用的交易系統，告訴你如何或何時退出市場。

Expectancy（期望值）：指你可以期望多筆交易的平均獲利是多少。期望值最好是用每承受一元的風險，可以獲利多少來表示。期望值就是一個交易系統產生 R 倍數分布的 R 平均值。

Filter（過濾器）：一個指標，只選擇合乎特定標準的資料。過濾太多，往往會導致過度最適化。

Financial freedom（財務自由）：根據薩普的看法，當你的被動收入（passive income，指你的錢為你創造的收入）高於你的費用支出，那種財務狀態就叫財務自由。比方說，如果你每個月的總開銷是 4,000 美元，而幫你賺錢的錢每個月帶進 4,300 美元，那麼你在財務上是自由的。

Floor trader（場內交易員）：在商品交易所營業廳交易的人。自營場內交易員（locals）通常操作本身的帳戶，交易場經紀員（pit brokers）通常是為經紀公司或者大公司執行交易。

Forex（外匯交易所，Foreign exchange）：全球各大銀行創造的龐大外國貨幣交易市場。今天也有規模小很多的公司，允許你交易外匯，但它們在買賣交易上，和你站在不同邊。

Fundamental analysis（基本面分析）：分析市場，以確定它的供給和需求特性。在股票市場，基本面分析用於確定一支股票的價值、盈餘、管理，以及相對資料。

Futures（期貨）：一紙合約，持有者有義務在特定的時間，依特定的價格，買進指定的資產。當商品交易所加進股價指數合約和貨幣合約，這個名詞也演變得將這些資產包含在內。

Holy Grail system（聖杯系統）：一種虛構的交易系統，完美地追蹤市場，而且總是做對，產生很大的利得，賠損卻為零。這種系統不存在，但是聖杯的真正意義有其道理：它指出，祕密存在你心裡。此外，如同本書所說，如果特別適用於一種市場類型，你能輕而易舉設計出一個聖杯系統。

Indicator（**指標**）：以理該具有意義的方式，匯整呈現資料，以幫助交易人和投資人做決定。

Investing（**投資**）：指大部分人所依循的買進抱牢策略。如果你經常進出市場，或者願意既作多，又放空，那麼你是在交易（trading）。

Leverage（**槓桿**）：這個名詞用來描述一個人需要投入多少錢以擁有某樣東西，和它的根本價值之間的關係。存款少而控制大筆投資的高槓桿，會使獲利和虧損的潛在規模變大。

Liquidity（**流動性**）：指買賣標的股票或者期貨合約的難易和供應性。交易量高，通常就有許多流動性。

Long（**作多**）：擁有一樣可交易的項目，期待將來價格上漲。也請參考放空（short）。

Low-risk idea（**低風險構想**）：一種有正期望值的構想，交易時的風險水準允許短期內發生最糟的可能狀況，以便實現長期的期望值。

Martingale strategy（**倍賭策略**）：一種部位規模設定策略，在你虧損之後，部位規模增加。典型的倍賭策略是在每次虧損之後，將賭注加大一倍。

Maximum adverse excursion（MAE，**最大不利變動幅度**）：一筆交易執行期間，可歸因於對部位不利的價格波動所造成的最大損失。

Mechanical trading（**機械式交易**）：一種交易形式，所有的行動都由電腦決定，交易人不必做決定。

Mental rehearsal（**心像預演**）：指未雨綢繆，在實際動手之前，先在心裡規劃某個事件或者策略的心理程序。

Modeling（**模式化**）：研判某種顛峰績效（例如頂尖的交易）是怎麼做到的，然後把相關的訓練傳授給別人的過程。

Money management（**資金管理**）：用來描述部位規模設定的一個名詞，卻有其他許多含意，人們未能了解它的完整意義或者重要性。比方說，這個名詞也指 (1) 管理別人的錢；(2) 控制風險；(3) 管理一個人的個人財務；(4) 達成最大的利得。

Negative expectancy system（**負期望值系統**）：指長期下來無法獲利的系統。比方說，所有的賭場遊戲都設計成負期望值遊戲。負期望值系統也包括偶爾發生很大的損失，但十分可靠的一些系統。

Neuro-linguistic programming（NLP，**神經語言程式設計**）：系統分析師理查·班德勒（Richard Bandler）和語言學家約翰·葛林德（John Grinder）發

展的心理訓練形式。它成了人類行為卓越表現模式化科學的基礎。不過，NLP 研討會所教的通常是模式化程序發展出來的技術。比方說，樊恩薩普學院（Van Tharp Institute）將頂尖交易、系統發展、部位規模設定和財富建立模式化。我們在講座上教的，是做這些事的程序，不是模式化程序本身。

Opportunity（機會）：見交易機會（trade opportunity）。

Passive income（被動收入）：你的錢為你創造的收入。

Peak-to-trough drawdown（最高到最低的賠損）：用來描述一個人從最高帳戶淨值到最低帳戶淨值，之後再創淨值新高，之間的最大賠損。

Percent risk model（風險百分率模式）：一種部位規模設定模式，部位的規模是以限制部位的風險於淨值的某一百分率來決定。

Percent volatility model（波動幅度百分率模式）：一種部位規模設定模式，部位的規模是以限制部位的波動幅度〔通常以平均真實區間（average true range）來定義〕於淨值的某一百分率來決定。

Position sizing（部位規模設定）：交易成功六大關鍵要素中最重要的一個。這個名詞是指你的系統中，真正決定你會不會達成目標的那個部分。這個要素決定交易的整個過程中，你的部位有多大。大部分情況中，能夠決定部位規模的演算式，是根據一個人目前的帳戶淨值。

Positive expectancy（正期望值）：以夠低的風險水準操作長期而言將獲利的系統和遊戲。這也表示 R 倍數分布的平均 R 值是正數。

Prediction（預測）：對未來所做的猜測。大部分人想靠臆測未來的結果，也就是靠預測而賺錢。分析師受雇去預測價格，但是傑出的交易人是靠迅速認賠出場和放手讓利潤滾大而賺錢，而這些和預測無關。

Price/earnings (P/E) ratio（ 本益比；價格盈餘比；價盈比）：一支股票的價格相對於盈餘的比率。比方說，如果一支 20 美元的股票，一年每股盈餘為1美元，那麼本益比為 20。過去一百年標準普爾五百種股價指數（S&P 500）的平均本益比約為 17。

R-multiple（R倍數）：以初始風險（initial risk）表示交易結果的一個名詞。所有的獲利和虧損都可以用所冒初始風險（R）的倍數表示。比方說，10R 倍數的利潤是初始風險的 10 倍。因此，如果你的初始風險是 10 美元，100 美元的利潤就是 10R 倍數利潤。當你做到這一點，任何系統都能以它產生的 R 倍數分布來描述。那個分布將有一個平均值（期望值）和一個標準差，做為它的特性。

R-value（R值）：以一個人的初始停損點來定義，用以表示特定部位初始風險的名詞。

Random（隨機）：指由機會決定的事件，在數學領域是指無法預測的數字。

Reliability（可靠性）：某樣東西的準確性，或者它多常贏。因此，60% 的可靠性意指某樣東西有 60% 的時候贏。

Reward-to-risk ratio（報酬對風險比率）：一個帳戶的平均報酬率（以年為計算基礎）除以最高到最低的最大賠損。用這個方法計算，任何報酬對風險比率只要超過 3，都算很好。這個名詞也可以指「平均獲利交易的規模」除以「平均虧損交易的規模」。

Risk（風險）：部位進場點和一個人建立那個部位願意忍受的最大損失之間的價格差距。比方說，如果你用 20 美元的價格買一支股票，決定如果價格跌到 18 美元就賣出，那麼你的每股風險是 2 美元。請注意，這個定義和學術界典型的風險定義很不一樣。學術界定義的風險，是指你所投資市場的變異性（variability）。

Scalping（搶帽子）：指場內交易員（floor traders）的行為，他們快速買進和賣出，好搶得出價（bid prices）或者要價（ask prices），或者迅速獲利。出價是他們將買進的價格（也就是身為賣方的你能賣到的價格），要價則是他們的賣價（也就是身為買方的你支付的價格）。

Seasonal trading（季節性交易）：根據一年當中，由於生產週期或者需求週期，產生始終如一、可預測的價格變化型態，而進行的交易。

Secular (bull or bear) market〔長期（多頭或者空頭）市場〕：指市場價值增加（多頭）或者價值減低（空頭）的長期傾向。長期傾向可能持續長達數十年，但無法研判市場接下來幾個月，或甚至下一年會怎麼走。

Setup（型態）：指交易系統的一個部分，若干標準必須呈現，你才尋找進入市場的時點。人們常以型態來描述交易系統，例如 CAN SLIM 是威廉‧歐尼爾（William O'Neil）設計的型態標準英文首字母縮略字。

Short（放空）：你賣出的東西不是你實際擁有的。使用這套策略，表示你希望賣出之後，稍後能以較低的價格買回。實際買進之前賣出一樣東西，就叫做放空市場（shorting the market）。

Sideways market（橫盤市場）：不漲也不跌的市場。

Slippage（滑價）：你進入市場時，期待支付的價格和實際支付的價格，兩者之差。比方說，如果你想用 15 元買進，最後卻以 15.5 元買到，滑價就是半點。

Speculating（**投機**）：在一般認為波動很大，因此以學術界的定義來說風險相當高的市場中投資。

Spreading（**價差交易**）：在兩個相關的市場交易，從它們的新關係賺取利潤的過程。例如，你可以用英鎊交易日圓。這麼做，就是在交易兩種貨幣之間的關係。

Standard deviation（**標準差**）：隨機變數和它的平均值之差的平方之期望值，取正平方根。這是變異數的量數，以常態形式表示。

Stop（stop loss, stop order）〔**停損（停損單）**〕：你向經紀商下的買賣委託單，在價格到達停損點時，成為市價單（market order）。通常稱之為停損（或者停損單），因為大部分交易人用它來確保能夠賣出未軋平的部位，以免損失無法控制，變得太大。但因為在停損價格到達時變成市價單，所以無法保證你可以按停損價格出場。情況可能糟得多。大部分電子經紀系統允許你下停損單到他們的電腦。當價格到達，電腦就會以市價單的形式把它們送出去。因此，它並沒有進入市場，讓大家看得到和找得到。

Support（**支撐**）：股價一向很難跌破的價格水準。在走勢圖上，那似乎是買單湧現的區域。

Swing trading（**波段短線交易**）：用於捕捉市場快速波動的短線交易。

System（**系統**）：一套交易規則。完整的系統通常有 (1) 若干型態狀況，(2) 進場訊號，(3) 最糟情況下的停損機制，以保存資金，(4) 獲利出場機制，以及 (5) 部位規模設定演算式。但是許多商業化供應的系統並沒有符合所有這些標準。一個交易系統也可以用它產生的 R 倍數分布來描述。

Trade distribution（**交易分布**）：指一段時間下來，獲利交易和虧損交易出現的方式，並且呈現連續獲利和連續虧損的狀況。

Trade opportunity（**交易機會**）：獲利交易的六個關鍵因素之一，指一個系統多常在市場中建立部位。

Trading（**交易**）：在市場中建立多頭或者空頭部位，期望獲利很高時軋平，或者如果交易不順，盡快認賠出場。

Trading cost（**交易成本**）：交易的成本通常包括經紀手續費和滑價，加上市場創造者（market maker）的成本。

Trailing stop（**落後停損單**）：一種停損單，隨著市場的主趨勢而移動。通常用來做為獲利交易的出場機制。當市場走勢對你有利時才移動停損點。絕不往反方向移動。

Trend following（**趨勢追隨**）：捕捉市場中極端波動的系統化程序，希望在市場走勢持續時，繼續待在場內，能待多久就待多久。

Units per fixed amount of money model（**固定金額購買一單位模式**）：一種部位規模設定模式，帳戶每有多少錢，就買進一個單位的某樣東西。例如，你可以每 25,000 美元購買一個單位（也就是 100 股或者一口合約）。

Validity（**效度**）：用來指某樣東西有多「真實」。它衡量到它想要衡量的東西嗎？有多準確？

Valuation（**估價**）：根據決定價值的某種模式，給一支股票或者一種商品的價格估計價值的行為。見價值型交易法（value trading）。

Value trading（**價值型交易法**）：一種觀念，指因為價值不錯，而在市場中建立部位。衡量價值的方法有許多。你可以這麼想：如果一家公司的資產，換算成每股價值是 20 美元，而你能用每股 15 美元的價格買到這家公司的股票，那就表示你得到不錯的價值。不同的價值型交易人有不同的價值定義方式。

Volatility（**波動幅度**）：指特定一段時期內，價格的漲跌區間。波動幅度大的市場，每天的價格漲跌區間大，波動幅度小的市場，每天的價格漲跌區間小。這是最實用的交易概念之一，波動幅度通常用來描述市場中的雜訊。

國家圖書館出版品預行編目資料

想法對了，錢就進來了：技術分析沒有告訴你的
獲利心法／樊恩‧薩普（Van K. Tharp）原著；
羅耀宗譯. -- 初版. -- 臺北市：麥格羅希
爾, 2010.01
　　面；　公分. --（投資理財；IF062）
　　譯自：Super Trader : Make Consistent
　　　　　Profits in Good and Bad Markets

　　ISBN　978-986-157-692-3（平裝）
　　1. 證券投資 2. 投資技術 3. 投資心理學

　　563.53　　　　　　　　　　98025387

投資理財 IF062

想法對了，錢就進來了：技術分析沒有告訴你的獲利心法

原　　　著	樊恩·薩普（Van K. Tharp）	
譯　　　者	羅耀宗	
特 約 編 輯	王凡言	
企 劃 編 輯	陳建宇	
行 銷 業 務	陳嘉倫　高曜如　杜佳儒	
業 務 副 理	李永傑	
出 版 經 理	張景怡	

出 版 者	美商麥格羅·希爾國際股份有限公司 台灣分公司
地　　　址	台北市100中正區博愛路53號7樓
網　　　址	http：//www.mcgraw-hill.com.tw
讀 者 服 務	Email:tw_edu_service@mcgraw-hill.com
	Tel: (02) 2311-3000 Fax: (02) 2388-8822
法 律 顧 問	惇安法律事務所盧偉銘律師、蔡嘉政律師及江宜蔚律師
劃 撥 帳 號	17696619
戶　　　名	美商麥格羅希爾國際股份有限公司 台灣分公司

亞洲總公司	McGraw-Hill Education (Asia)
	60 Tuas Basin Link, Singapore 638775, Republic of Singapore
	Tel: (65) 6863-1580　Fax: (65) 6862-3354
	Email: mghasia_sg@mcgraw-hill.com

製 版 廠	信可印刷有限公司	(02)2221-5259
電 腦 排 版	林燕慧	0925-691858

出 版 日 期	2010年1月（初版一刷）
	2010年3月（初版三刷）
定　　　價	360元
原 著 書 名	Super Trader : Make Consistent Profits in Good and Bad Markets

ISBN：978-986-157-692-3

100

台北市中正區博愛路53號7樓

美商麥格羅‧希爾國際出版公司
McGraw-Hill Education（Taiwan）

感謝您對麥格羅‧希爾的支持
您的寶貴意見是我們成長進步的最佳動力

姓 名：＿＿＿＿＿＿＿＿＿＿ 先生 小姐 出生年月日：＿＿＿＿＿＿＿

電 話：＿＿＿＿＿＿＿＿＿＿ E-mail：＿＿＿＿＿＿＿＿＿＿

住 址：＿＿＿＿＿＿＿＿＿＿＿＿＿＿＿＿＿＿＿＿＿＿＿＿＿＿＿

購買書名：＿＿＿＿＿＿ 購買書店：＿＿＿＿＿ 購買日期：＿＿＿＿＿

學　　歷： □高中以下（含高中） □專科 □大學 □碩士 □博士

職　　業： □管理 □行銷 □財務 □資訊 □工程 □文化 □傳播

　　　　　 □創意 □行政 □教師 □學生 □軍警 □其他＿＿＿＿＿＿

職　　稱： □一般職員 □專業人員 □中階主管 □高階主管

您對本書的建議：

內容主題 □滿意 □尚佳 □不滿意 因為＿＿＿＿＿＿＿＿＿＿＿＿＿

譯／文筆 □滿意 □尚佳 □不滿意 因為＿＿＿＿＿＿＿＿＿＿＿＿＿

版面編排 □滿意 □尚佳 □不滿意 因為＿＿＿＿＿＿＿＿＿＿＿＿＿

封面設計 □滿意 □尚佳 □不滿意 因為＿＿＿＿＿＿＿＿＿＿＿＿＿

其他＿＿＿＿＿＿＿＿＿＿＿＿＿＿＿＿＿＿＿＿＿＿＿＿＿＿＿＿

您的閱讀興趣：□經營管理 □六標準差系列 □麥格羅‧希爾EMBA系列 □物流管理

　　　　　　　□銷售管理 □行銷規劃 □財務管理 □投資理財 □溝通勵志 □趨勢資訊

　　　　　　　□商業英語學習 □職場成功指南 □身心保健 □人文美學 □其他＿＿＿＿

您從何處得知 □逛書店 □報紙 □雜誌 □廣播 □電視 □網路 □廣告信函

本書的消息？ □親友推薦 □新書電子報 促銷電子報 □其他＿＿＿＿＿＿＿＿

您通常以何種 □書店 □郵購 □電話訂購 □傳真訂購 □團體訂購 □網路訂購

方式購書？ □目錄訂購 □其他＿＿＿＿＿＿＿＿＿＿＿＿＿＿＿＿＿＿

您購買過本公司出版的其他書籍嗎？ 書名＿＿＿＿＿＿＿＿＿＿＿＿＿＿＿

您對我們的建議：

＿＿＿＿＿＿＿＿＿＿＿＿＿＿＿＿＿＿＿＿＿＿＿＿＿＿＿＿＿＿＿＿＿

＿＿＿＿＿＿＿＿＿＿＿＿＿＿＿＿＿＿＿＿＿＿＿＿＿＿＿＿＿＿＿＿＿

＿＿＿＿＿＿＿＿＿＿＿＿＿＿＿＿＿＿＿＿＿＿＿＿＿＿＿＿＿＿＿＿＿

＿＿＿＿＿＿＿＿＿＿＿＿＿＿＿＿＿＿＿＿＿＿＿＿＿＿＿＿＿＿＿＿＿

Mc Graw Hill Education 麥格羅‧希爾 　　**信用卡訂購單**　　（請影印使用）

我的信用卡是 □VISA　□MASTER CARD（請勾選）		
持卡人姓名：	信用卡號碼（包括背面末三碼）：	
身分證字號：	信用卡有效期限：　　　年　　　月止	
聯絡電話：（日）　　　　（夜）　　　　手機：		
e-mail：		
收貨人姓名：	公司名稱：	
送書地址：□□□		
統一編號：	發票抬頭：	
訂購書名：		
訂購本數：	訂購日期：　　　年　　　月　　　日	
訂購金額：新台幣 ⬚ 元　　持卡人簽名：⬚		

書籍訂購辦法

郵局劃撥
戶名：美商麥格羅希爾國際股份有限公司 台灣分公司
帳號：17696619
請將郵政劃撥收據與您的聯絡資料傳真至本公司
FAX：(02)2388-8822

信用卡
請填寫信用卡訂購單資料郵寄或傳真至本公司

銀行匯款
戶名：美商麥格羅希爾國際股份有限公司 台灣分公司
銀行名稱：美商摩根大通銀行 台北分行
帳號：3516500075
解款行代號：0760018
請將匯款收據與您的聯絡資料傳真至本公司

即期支票
請將支票與您的聯絡資料以掛號方式郵寄至本公司
地址：台北市100中正區博愛路53號7樓

備註
我們提供您快速便捷的送書服務，以及團體購書的優惠折扣。
如單次訂購未達NT1,500，須酌收書籍貨運費用90元，台東及離島等偏遠地區運費另計。
聯絡電話：(02)2311-3000
e-mail: tw_edu_service@mcgraw-hill.com

請沿虛線剪下